Sommaire

Fiches

Spécial Bac

NOUVEAU BAC

Compil de fiches 2de

Maths

Fabrice Fortain dit Fortin

Physique-Chimie

Christian Mariaud

MAGNARD

Édition : Lucile Réveillon ; **Conception graphique** : Muriel Ouziane ;
Crédits photographiques : Adobe Stock.com, sauf page 202 : SPL/Cosmos.
Cartographie : Marie-Christine Liennard, Valérie Goncalves, Christel Parolini, Florent Ama
Mise en pages : Nord Compo.

5, allée de la 2e DB - 75015 PARIS
www.magnard.fr
www.specialbac.magnard.fr

PEFC 10-31-1510 IMPRIM'VERT®

Achevé d'imprimer en juin 2019 par Corlet Imprimeur — 14110 Condé-en-Normandie
N° d'Éditeur : 2018_0742 — N° d'Imprimeur : 203850 — Dépôt légal : juin 2019 — *Imprimé en France*

Maths

Sommaire

Algorithmique et programmation

Algorithmique : principes et exemples

Algèbre et analyse

Calculs numériques et algébriques

Fonctions numériques

Configurations planes

Vecteurs du plan

Trigonométrie

ANNEXES

FICHE 1

Travailler avec des variables

En Seconde, on doit pouvoir transcrire un algorithme dans un langage textuel. Il en existe de multiples, dont Python (https://www.python.org/) qui est largement utilisé. Les exemples proposés dans cet ouvrage seront en Python.

I Qu'est-ce qu'une variable ?

• Un algorithme est une procédure de résolution de problème. Il s'applique à un ensemble de données initiales et produit, en un nombre fini d'étapes constructives, effectives, non ambiguës et organisées, la réponse au problème.

• En mathématiques, la variable apparaît dans des formules comme celle de l'aire d'un disque ou l'expression d'une fonction.

En informatique, on écrit des **instructions** comme $x = x + 3$. Ce n'est pas vraiment une égalité, c'est une **affectation** qui va modifier le contenu de la variable x. On dira d'ailleurs pour lire cette instruction : « x reçoit (ou prend) la valeur $x + 1$. »

Exemples

L'affectation de la valeur 5 à la variable x s'écrit « x=5 ».

```
>>>x=4
>>>y=x+8
>>>x=5
>>>z=x*y
>>>print('z')
```

Le bloc d'instructions se conçoit ainsi :
• on affecte la valeur 4 à x;
• on évalue (calcule) la valeur de $x + 8$ en utilisant la valeur de x connue. Si x n'a pas été précédemment affectée, Python ne pourra interpréter l'instruction ou alors prendra une ancienne valeur attribuée à x dans le précédent contexte d'utilisation;
• la valeur calculée est alors affectée à y;
• on modifie la valeur de x par une nouvelle affectation;
• on évalue le produit $x*y$ que l'on affecte enfin à z;
• il reste à afficher la valeur de z, si c'est le but recherché.

On peut procéder à des affectations multiples, en une seule ligne plutôt que plusieurs.

Ainsi :

```
>>>x, y=4, x+8
```

est l'équivalent de

```
>>>x=4
>>>y=x+8
```

II Types de variables

• On peut distinguer plusieurs types de variables : **entier**, **flottant**, **chaîne de caractères**.

• Python permet le calcul sur les nombres entiers qui s'écrit comme une série de chiffres, éventuellement précédée par un signe (+ ou –).

Exemples : 0, 142, + 12 et – 9 452 154 sont des entiers.

• Python autorise les opérations arithmétiques usuelles sur les entiers.

Exemples

```
>>> 7+8 # addition
15
>>> 11-3 # soustraction
8
>>> 125*2 # multiplication
250
>>> 30//4 # division entière : cela produit le quotient de la division
de 30 par 4
7
>>> 30%4 # cela produit le reste de la division de 30 par 4
2
>>> 2**3 # puissance : cela produit 2³
8
```

• Python respecte les priorités entre les opérateurs arithmétiques : les parenthèses sont les plus prioritaires, puis les exposants; la multiplication et la division, puis l'addition et la soustraction.

• Les **flottants** sont formés d'une **partie entière** composée de chiffres, suivie du point décimal dit **séparateur**, suivi d'une **partie décimale** composée de chiffres. On peut leur associer un **exposant**, formé par la lettre « e », suivi d'un nombre entier. C'est la **notation scientifique**.

Exemples

```
>>> 2.5*2 # multiplication
5.0
>>> 5.5/1.5 # division réelle
3.6666666666666665
>>> 0.5**0.5 # puissance
0.7071067811865476
```

• Quand on utilise entiers et flottants, le résultat est un flottant.

• Les **chaînes de caractères** permettent de manipuler du texte.

Instructions conditionnelles

FICHE 2

I Booléen

• Un **booléen** est une variable qui peut prendre pour valeur « Vrai » ou « Faux ».

• Cela permet de tester des égalités ou des inégalités.

• Un booléen peut porter sur des variables de type « chaîne ».

Le terme « booléen » provient du nom du logicien britannique **George Boole** (1815-1864), qui a fondé la logique moderne.

Exemple

On considère la variable numérique a à laquelle on a affecté la valeur 2 : $a \leftarrow 2$.

En Python, on écrira « a=2 ».

On peut créer une infinité de booléens portant sur la variable a.

Par exemple : $a==2$, $a<2$, $a<=2$, $a>2$, $a>=2$, $a<>2$, $a==7$, $a>=3$.

On remarquera que pour le booléen $a==2$, on a doublé le symbole « = » afin de ne pas confondre avec une affectation.

Attention : ne pas confondre $a=2$, qui affecte une valeur à la variable a, avec $a==2$ qui est un booléen.

Booléen	$a==2$	$a<2$	$a<=2$	$a>2$	$a>=2$	$a<>2$	$a==7$	$a>=3$
Valeur du booléen	Vrai	Faux	Vrai	Faux	Vrai	Faux	Faux	Faux

II Instruction conditionnelle

• Une instruction conditionnelle permet d'exécuter une série d'instructions uniquement si une condition déterminée est vérifiée. Si cette condition n'est pas vérifiée, le programme passe directement à la suite ou exécute une série d'instructions alternatives.

• La condition est un booléen.

Exemple

On peut créer un programme qui détermine la mention d'un candidat à un examen fictif.

En langage naturel, cela se traduit par :
Demander la valeur de la note.
Si la note est supérieure à 15, alors mention TB.

Sinon, si la note est inférieure à 12, alors le candidat est refusé.
Sinon la mention est acceptable.
En Python, on écrira :

```
note=input("entrez la note") # on demande à l'utilisateur d'entrer la valeur qu'on affecte à la variable note
note=float(note) # on transforme la note, considérée comme un texte, en un flottant
if note>=15 :
    print("TB")
elif note<10
    print("refusé")
else
    print("passable")
```

Remarque : si la condition est un test d'égalité, on utilisera == au lieu de = pour ne pas confondre avec une affectation.

• La syntaxe (la façon d'écrire les instructions) en Python est très codifiée. À la ligne du *if*, on doit terminer par « : ». On doit respecter une **indentation**.

Exemple

Voici un programme pour tester si un quadrilatère ABCD est un parallélogramme. On utilise pour cela la caractérisation vectorielle : $\overrightarrow{AB} = \overrightarrow{DC}$ (→ *voir fiche 44*).

```
xA=input('abscisse de A'); yA=input('abscisse de A'); xB=input('abscisse de B'); yB=input('abscisse de B')
xC=input('abscisse de C'); yC=input('abscisse de C'); xD=input('abscisse de D'); yD=input('abscisse de D')
if (xB–xA==xC–xD) & (yB–yA==yC–yD) :
    print(«ABCD parallélogramme»)
else
    print(«ABCD n'est pas un parallélogramme»)
```

Boucles bornées ou non

I Boucle bornée

• On utilise une boucle bornée de type « Pour » quand on veut répéter un certain nombre d'instructions et qu'on sait à l'avance le nombre de répétitions voulu.

• En Python, la syntaxe est :

```
for i in range(1, n) :
      liste de lignes d'instructions
```

Attention : ne pas oublier l'indentation (décalage de quelques espaces) dans le corps de la boucle. Cela permet de repérer la fin de la boucle.

Exemples

1. On veut calculer la somme des carrés des entiers naturels de 1^2 à n^2.

L'algorithme naturel :

```
On demande la valeur de n
On affecte 0 à la variable somme
Pour i allant de 1 à n
      On affecte la valeur i² à t
      On affecte la valeur s + t à s
FinPour
Afficher s
```

a pour transcription en Python :

```
n=input('entrez n')
n=float(n)
s=0
for i in range(1, n) :
      t=i**2
      s=s+t
end
print(s)
```

2. Une liste L s'écrit entre crochets. La liste L = [3, 5, 7, 9, 11, 13] a sa longueur donnée par len(L). On définit la liste coeff = [1, 1, 2, 5, 1, 3]. Si on considère la liste L comme une liste de notes et la liste coeff comme la liste des coefficients correspondants, comment calculer la moyenne pondérée de ces notes par ces coefficients ?

On peut accéder au terme numéro *i* de la liste L, par exemple, par la syntaxe L[*i*].

Il suffit donc d'écrire :

```
S=0
n=len(L)
for i in range(0, n-1) :
    S=S+coeff[i]*L[i]
end
print(S/n)
```

II Boucle non bornée

On utilise une **boucle non bornée** de type « **Tant que** » quand on veut répéter un certain nombre d'instructions et qu'on ne sait pas à l'avance le nombre de répétitions voulu.

Exemple

La population mondiale est de 7 596 116 000 d'individus début 2018. On estime sa croissance à 1,18 % par an.
À ce rythme, en quelle année dépassera-t-on une population de 9 milliards d'habitants ?

```
p=7596116000
t=1.18/100
a=2018
while a<9e+9 :
    a+=1 # on incrémente de 1 la valeur de a
    p=p*(1+t)
end
print(a)
```

III Méthode

- On utilise une **boucle** quand on veut **répéter** des instructions. On détermine si on sait à l'avance le nombre de répétitions ou si une condition permet de sortir de la boucle.
- Si on utilise une boucle « Tant que », on doit vérifier qu'on est sûr qu'à certains moments, pas trop éloignés, la condition de la boucle ne sera plus vérifiée, ce qui assure que le programme **termine** en ne bouclant pas à l'infini. C'est une erreur fréquente.

Travailler avec une fonction

I Définition

- Quand on a besoin de répéter un processus dans un programme, on peut isoler ce processus dans une fonction. Il s'agit d'un sous-programme qui va produire des résultats, les sorties, à partir de valeurs de variables, les arguments de la fonction.
- Comme tout élément de programme dans un langage spécifique, une fonction doit respecter une construction précise :

```
def nomdelafonction (liste des paramètres séparés d'une virgule) :
    liste d'instructions
    return liste des sorties calculées dans la fonction qui seront
les résultats de la fonction
```

- On constate que le corps de la fonction, qui suit l'en-tête (la première ligne), est décalé d'un certain nombre d'espaces : c'est l'indentation. Cet élément est nécessaire pour que l'ordinateur détermine ce qui appartient à la fonction. La dernière ligne, introduite par « return », est essentielle pour déterminer ce que produit la fonction.

II Exemples

1. Définir une fonction numérique

```
def f(x) :
    return 3*x^2–2*x+1
```

Cette fonction définit la fonction par $f(x) = 3x^2 - 2x + 1$.

2. Remplir un tableau de valeurs pour une fonction

```
def f(x) :
    return 3*x^2–2*x+1
```

Cette fonction définit la fonction par $f(x) = 3x^2 - 2x + 1$.
On utilise cette fonction dans le corps du programme :

```
for i in range(–2,3) :
    print(f(i))
```

ce qui permet d'avoir les images $f(-2)$, $f(-1)$, $f(0)$, $f(1)$, $f(2)$, $f(3)$.

3. Créer un tirage aléatoire

- On va importer un module d'instructions de tirages aléatoires : «from random import choice».

- On crée une fonction qui permet de sélectionner au hasard une lettre d'un texte donné. Le texte est une variable de type chaîne de caractères :

```
def caractere(texte) :
    return choice(texte)
```

- On utilise la fonction :

```
A='Bonjour cher lecteur'
print(caractere(A))
```

Remarque : l'espace est un caractère comme les autres. Python distingue les majuscules et minuscules.

4. Calculer la probabilité d'un événement

→ *Voir fiche 33.*

- Considérons un dé truqué à 6 faces tel que :

x	1	2	3	4	5	6
$P(\{x\})$	0,2	0,1	0,3	0,1	0,1	0,2

- On crée la liste des résultats de l'expérience (l'univers) :

```
Univers=set(range(1,7))
```

- On définit la liste des probabilités (la loi) :

```
Loi=[0]+[0.2]+[0.1]+[0.3]+[0.1]*2+[0.2]
```

- On crée une fonction qui va permettre le calcul de la probabilité d'un événement :

```
def probabilite(evenement) :
    return sum(Loi[x] for x in evene-
ment)
```

- On peut calculer la probabilité de l'événement A = «on obtient un nombre impair» :

```
A=[1,3,5]
print(probabilite(A))
```

Attention : dans cette écriture, le symbole «+» n'est pas une addition de valeurs ; on met bout à bout les valeurs entre crochets pour créer une liste. C'est une **concaténation.**

Pour calculer une somme, on utilise «sum» en parcourant tous les termes de la liste «evenement».

FICHE 5

a méthode de dichotomie

I Principe

- f est une fonction définie sur un intervalle $[a\ ;\ b]$.
- On cherche à déterminer l'unique solution α d'une équation $f(x) = 0$. Le principe consiste à couper cet intervalle en deux en introduisant le milieu $m = \dfrac{a+b}{2}$ de cet intervalle.
- On répète le processus sur celui des deux intervalles $[a\ ;\ m]$ ou $[m\ ;\ b]$ qui contient α.
- Pour déterminer lequel des intervalles il convient de conserver, on cherche l'intervalle tel que $f(m)$ est de signe contraire de l'image de l'autre borne (soit $f(a)$, soit $f(b)$). On définit une **précision** ε (epsilon) pour arrêter le processus quand la largeur de l'intervalle de travail devient inférieure à ε.

II Illustration graphique

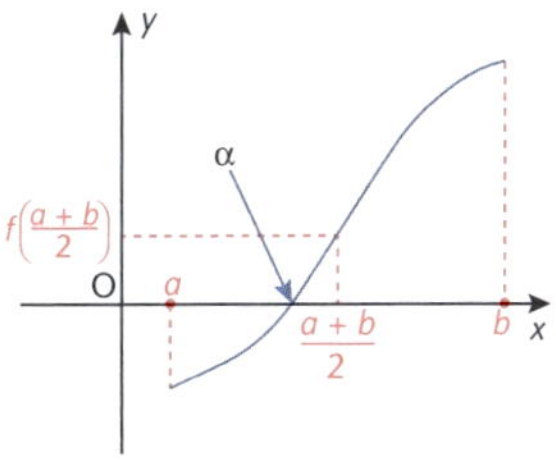

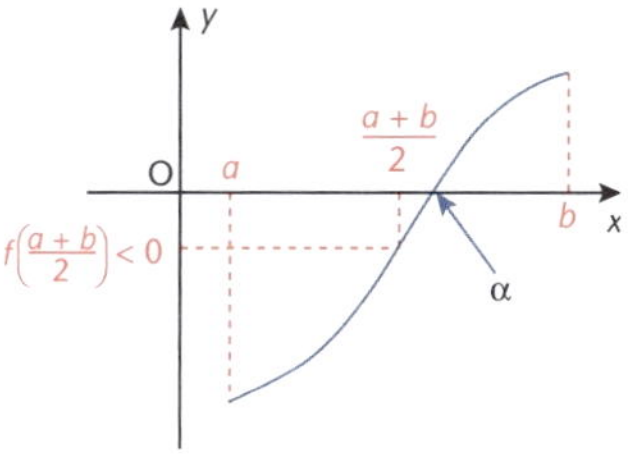

III Algorithme

Demander a
Demander b
Demander la précision ε attendue
Tant que $b - a \geqslant \varepsilon$
    Affecter $\dfrac{a+b}{2}$ à m
    Si $f(a) \times f(m) < 0$ alors affecter m à b
    Sinon affecter m à a
    FinSi
FinTantQue
Afficher m.

IV Transcription Python

• On va utiliser une **fonction**. Pour la fonction f définie par $f(x) = x^2 - 3$, les solutions de $f(x) = 0$ sont $-\sqrt{3}$ et $\sqrt{3}$. La méthode de dichotomie permet de trouver une valeur approchée de ces solutions.

• Supposons $[a\,;\,b] = [1\,;\,2]$. Il faut **choisir un intervalle** qui contient l'une de ces solutions. Comme $1 \leqslant 3 \leqslant 4$, donc $\sqrt{1} \leqslant \sqrt{3} \leqslant \sqrt{4}$ et $\sqrt{4} = 2$, ainsi $\sqrt{3} \in [1\,;\,2]$.

• **On définit deux fonctions :** l'une pour définir la fonction f et l'autre pour programmer l'algorithme de dichotomie.

```
def f(x)
    return x**2-3
def dichotomie(a, b, epsilon)
    while b–a>epsilon :
    m=(a+b)/2
    if f(a)*f(m)<0 :
        b=m
    else :
        a=m
    return m
```

V À la calculatrice

CASIO	T.I.
"A="?→A:"B="?→B↵ "E="?→E↵ While B–A≥E↵ (A+B)÷2→M↵ A→X:Y1→F↵ M→X:Y1→G↵ If F×G≤0↵ Then M→B↵ Else M→A↵ IfEnd↵ WhileEnd↵ A◢ M◢	:Prompt A,B,E :While B–A≥E :(A+B)/2→M :A→X:Y₁→F :M→X:Y₁→G :If F*G≤0 :Then :M→B :Else :M→A :End :End :Disp A,B

• ε est noté ici **E**.

• L'expression algébrique de la fonction a été rentrée dans **Y1**.

• La ligne **A→X:Y1→F** signifie qu'on a affecté la valeur de a à x et qu'on évalue $f(x)$ à l'aide de l'expression mémorisée dans **Y1**.

Algorithmique et programmation

FICHE 6

TEST-BILAN

→ *Réponses au verso.*

Vrai ou faux ? Cochez les affirmations qui sont vraies.

1 Notion de variable

a. ☐ Une variable peut être un texte.

b. ☐ Si *a* et *b* sont des variables déjà affectées, on peut échanger les valeurs en écrivant « a=b ».

c. ☐ Si $a = 3$ et $b = 5.0$, alors $a + b$ est une variable de nature « entier ».

d. ☐ Avec des flottants, on travaille avec des valeurs « exactes ».

2 Boucles et tests

a. ☐ Si, avec Python, on écrit « a=2 », alors on teste si la variable *a* est égale à 2.

b. ☐ Une boucle *Pour* est appelée bornée car le nombre de passages dans la boucle est fini.

c. ☐ a=0 ; Tant que a>= 0 faire a=a+1 FinTantQue ; Afficher a est un algorithme qui terminera nécessairement.

d. ☐ On peut imbriquer une boucle dans une autre.

3 Fonctions

a. ☐ Une fonction nécessite d'être appelée pour produire un résultat.

b. ☐ Une fonction peut ne pas avoir d'argument d'entrée.

c. ☐ Une fonction ne sert qu'à définir des fonctions numériques de type $f(x) = \ldots$

d. ☐ Une fonction peut s'appeler elle-même.

4 Dichotomie

a. ☐ Plutôt que d'utiliser une boucle non bornée dans l'algorithme de dichotomie, on peut prendre une boucle « Pour ».

b. ☐ L'algorithme de dichotomie sur un intervalle $[a\ ;\ b]$ peut indifféremment afficher a, b, m en sortie.

c. ☐ Par l'algorithme de dichotomie proposé dans la fiche 5, appliqué à la fonction f définie par $f(x) = x^2 - 5$, avec $[a\ ;\ b] = 1{,}3$ et $\varepsilon = 10^{-4}$ donne comme valeur 2,236053467.

d. ☐ On trouve ainsi une valeur approchée de $\sqrt{3}$.

SCHÉMA-BILAN

Écrire un algorithme et le programmer

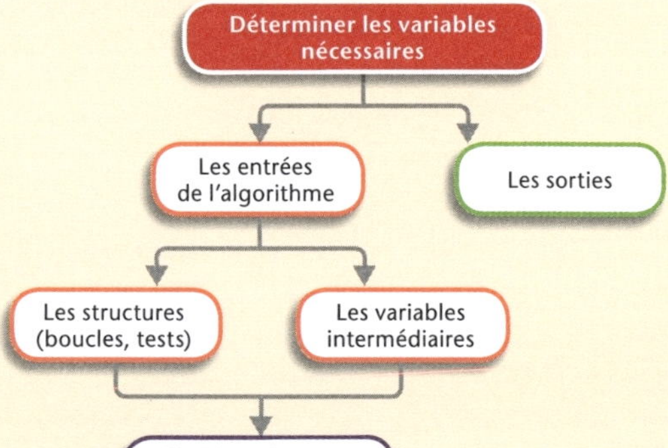

Réponses :

1 **a.** Vrai. C'est alors une variable « chaîne de caractères ». **b.** Faux. Cela écrase la valeur dans a par celle dans b. **c.** Faux. Dès qu'un flottant est dans un calcul, le résultat est un flottant. **d.** Faux. On ne travaille *a priori* qu'avec des valeurs approchées, comme pour $\sqrt{5}$ ou π. **2** **a.** Faux. Il faut écrire « a==2 ». **b.** Vrai. C'est la définition d'une boucle bornée. **c.** Faux. Comme la condition a>=0 sera toujours vérifiée, la boucle s'exécutera à l'infini. **d.** Vrai. **3** **a.** Vrai. Tant qu'on ne l'appelle pas, elle ne produit rien. **b.** Vrai. **c.** Faux. **d.** Vrai. Par exemple, on peut créer une fonction puissance. Il s'agit d'une fonction dite « récursive ». **4** **a.** Faux. On ne sait pas à l'avance le nombre d'exécutions nécessaires de la boucle. **b.** Vrai. **c.** Vrai. **d.** Faux. On trouve ainsi une valeur approchée de $\sqrt{5}$ car c'est la solution de $f(x) = 0$ qui est dans l'intervalle [1 ; 3].

Produire un algorithme et le transcrire dans un langage

Sujet : échange de valeurs

Deux variables *a* et *b* qui contiennent des valeurs numériques.
Écrivez un algorithme répondant au problème.
Transcrivez-le en Python.

Avant de commencer

- Repérer les variables initiales et finales.
- Repérer s'il convient de répéter des instructions ou d'opérer des tests.
- Traduire l'algorithme dans un langage. En Python, il faut veiller au type de variable.

→ Introduisez une variable auxiliaire pour éviter d'écraser le contenu d'une variable et de perdre ainsi l'une des deux valeurs.

Lire *a*.
Lire *b*.
Affecter à *c* la valeur de *a* // Cela permet de ne pas « oublier » la valeur de *a*.

→ Faites les échanges.

Affecter à *a* la valeur de *b*.
Affecter à *b* la valeur de *c*.

→ Transcrivez l'algorithme en Python.

```
a=input()
a=float(a)
b=input()
b=float(b)
c=a
a=b
b=c
```

input() transforme l'entrée en un texte, qu'il faut transformer en flottant.

Sujet : recherche d'un minimum d'une fonction

La fonction f définie par $f(x) = 7x^2 - 3x + 1$ a un minimum de f sur $[0 ; 2]$. On le détermine par l'algorithme ci-contre.

Modifiez l'algorithme pour qu'il fournisse une valeur plus précise du minimum et la valeur (approchée) de la variable x qui réalise le minimum.

Transcrivez-le en une fonction Python.

```
Affecter 0 à x
Affecter f(0) à m
Tant que x<= 2 faire
    Affecter f(x) à m
    Si y < m alors affecter y à m
    FinSi
    Affecter x + 0.01 à x
FinTantque
Afficher m
```

Avant de commencer

- Lire les instructions les unes après les autres, exécuter les instructions de l'algorithme et faire les calculs à la main.
- Relier ce qu'on a observé à la question posée.
- Traduire l'algorithme dans un langage.

→ La boucle « Tant que » permet de parcourir tout l'intervalle [0 ; 2]. Modifiez *x* dans la boucle.

Le test permet de conserver la plus petite image calculée jusqu'à présent. On modifie le pas 0.01, par exemple en 0.001, et on affiche aussi x en fin d'algorithme.

On doit écrire « Affecter x + 0.001 à x » et « Afficher m, x ».

→ Créez une fonction pour la fonction *f*.

```
def f(x)
    return 7*x**2-3*x+1
```

→ Écrivez une fonction et déterminez les arguments d'entrée.

Les arguments d'entrée sont les bornes a et b de l'intervalle.

En Python, il faut veiller à l'indentation dans les boucles et les tests, et ne pas oublier les deux-points. On demande l'écriture d'une fonction.

```
def m=minimum(a, b)
    x=a
    m=f(a)
    while x<=b :
        y=f(x)
        if y<m :
          m=y
        x=x+0.001
    return m
```

1 Calculs fractionnaires

Définitions	Propriétés
• Un nombre ou une expression en écriture fractionnaire est de la forme $\frac{N}{D}$. • N est qualifié de numérateur. D est le dénominateur. • $\frac{N}{D}$ est défini si, et seulement si, $D \neq 0$.	• $\frac{a}{b}+\frac{c}{b}=\frac{a+c}{b}$ si $b \neq 0$ • $\frac{a}{b}-\frac{c}{b}=\frac{a-c}{b}$ si $b \neq 0$ • $\frac{a}{b}\times\frac{c}{d}=\frac{ac}{bd}$ si $b \neq 0$ et $d \neq 0$ • $\frac{1}{\frac{a}{b}}=\frac{b}{a}$ si $a \neq 0$ et $b \neq 0$ • $\frac{\frac{a}{b}}{\frac{c}{d}}=\frac{a}{b}\times\frac{d}{c}$ si $b \neq 0$, $c \neq 0$, $d \neq 0$

Exemple

x est un réel non nul. Simplifier l'expression $\dfrac{\frac{1}{x}+1}{1+\left(\frac{1}{x}\right)^2}$.

On met au même dénominateur le numérateur $\frac{1}{x}+1$ ainsi que le dénominateur $1+\left(\frac{1}{x}\right)^2$. Puis on applique la règle $\dfrac{\frac{a}{b}}{\frac{c}{d}}=\frac{a}{b}\times\frac{d}{c}$ si $b \neq 0$, $c \neq 0$, $d \neq 0$.

Résolution

$\frac{1}{x}+1=\frac{x+1}{x}$; $1+\left(\frac{1}{x}\right)^2=1+\frac{1}{x^2}=\frac{x^2+1}{x^2}$

Ainsi $\dfrac{\frac{1}{x}+1}{1+\left(\frac{1}{x}\right)^2}=\dfrac{\frac{x+1}{x}}{\frac{x^2+1}{x^2}}=\frac{x+1}{x}\times\frac{x^2}{x^2+1}=\frac{x(x+1)}{x^2+1}$.

II Calculs avec radicaux

Définitions	Propriétés
Pour tout réel positif a, le **nombre** $\sqrt{a}$ est l'unique nombre positif tel que son carré est égal à a. Ainsi : $\sqrt{a}^2 = a$.	Pour tous réels $a \geqslant 0$, $\sqrt{a^2} = a$ Pour tous réels $a \leqslant 0$, $\sqrt{a^2} = -a$ **Démonstration :** pour tous réels a, b positifs : $\sqrt{ab} = \sqrt{a}\sqrt{b}$ **Démonstration :** Pour tous réels a, b positifs, $b \neq 0$: $\sqrt{\dfrac{a}{b}} = \dfrac{\sqrt{a}}{\sqrt{b}}$

Exemple : simplifier les expressions numériques :

$$A = \frac{2\sqrt{21}\sqrt{75}}{\sqrt{35}\sqrt{20}} \ ; \ B = \left(\frac{\sqrt{5-2\sqrt{3}}}{3}\right)^2 + \left(\frac{1+\sqrt{3}}{3}\right)^2$$

Résolution

$$A = \frac{2\sqrt{21}\sqrt{75}}{\sqrt{35}\sqrt{20}} = \frac{2\sqrt{3}\sqrt{7}\sqrt{25}\sqrt{3}}{\sqrt{5}\sqrt{7}\sqrt{4}\sqrt{5}} = \frac{2\cdot 3\cdot 5\cdot \sqrt{7}}{2\cdot 5\cdot \sqrt{7}} = 3$$

$$B = \left(\frac{\sqrt{5-2\sqrt{3}}}{3}\right)^2 + \left(\frac{1+\sqrt{3}}{3}\right)^2 = \frac{5-2\sqrt{3}}{9} + \frac{1+2\sqrt{3}+3}{9} = \frac{9}{9} = 1$$

III Calculs avec puissances

Définitions	Propriétés
• $a^n = \underbrace{a \times a \times . \times a}_{n \text{ facteurs}}$, où a est un réel et n un entier naturel non nul • $a^0 = 1$ • $a^{-n} = \dfrac{1}{a^n}$ si $a \neq 0$ L'entier n est l'**exposant**.	$a \in \mathbb{R}$, $n \in \mathbb{Z}$, $m \in \mathbb{Z}$ Dans a^n, si n est négatif, a doit être non nul. • $a^n \times a^m = a^{n+m}$ • $\dfrac{a^n}{a^m} = a^{n-m}$, si $a \neq 0$ • $(a^n)^m = a^{nm}$ • $a^n b^n = (ab)^n$ • $\left(\dfrac{a}{b}\right)^n = \dfrac{a^n}{b^n}$ si $b \neq 0$

Exemple

Simplifier l'expression numérique : $C = \dfrac{2^2 \cdot 10^{-10} \cdot 2^7 \cdot 10^{-6}}{32 \cdot 10^{-15}}$

Résolution

$$C = \frac{2^2 \cdot 10^{-10} \cdot 2^7 \cdot 10^{-6}}{32 \cdot 10^{-15}} = \frac{2^{2+7} \cdot 10^{-10+(-6)}}{2^5 \cdot 10^{-15}}$$

$$= 2^{9-5} \cdot 10^{-16-(-15)} = 2^4 \cdot 10^{-1} = \frac{16}{10} = \frac{8}{5}$$

alcul algébrique : éveloppement, factorisation

FICHE 9

Le calcul algébrique permet de combiner des nombres, des lettres, qui sont des nombres indéterminés *a priori*, et des opérations. Le mot « algèbre » provient de l'arabe *al jabr*, notion introduite au IXe siècle par Al-Khwarizmi pour résoudre certaines équations.

I Distributivité de la multiplication par rapport à l'addition

• On considère trois nombres k, a, b réels (→ *voir fiche 10*). Alors on peut écrire :

$$k(a + b) = ka + kb$$

• On dit qu'on a distribué le nombre k à chacun des termes de la somme $a + b$. On rappelle que l'écriture $k(a + b)$ signifie $k \times (a + b)$. De même, ka signifie $k \times a$ et kb signifie $k \times b$.

• Cette distributivité s'applique également à une différence :

$$k(a - b) = ka - kb$$

II Développement

• Une somme est le résultat d'une addition, une différence celui d'une soustraction, un produit celui d'une multiplication et un quotient celui d'une division.

• Développer une expression algébrique (ou numérique), c'est transformer un produit en une somme ou une différence.

• On déduit des règles de distributivité celles du développement. On peut citer les doubles distributivités, dont voici deux exemples :

$$(a + b)(c + d) = ac + ad + bc + bd \text{ ou } (a - b)(c - d) = ac - ad - bc + bd$$

On a distribué chacun des termes de la première parenthèse sur ceux de la deuxième, en appliquant la règle des signes. Ainsi, pour $(a - b)(c - d)$, on a distribué a sur c (d'où ac) et $-d$ (d'où $-ad$), puis $-b$ sur c (d'où $-bc$) et $-d$ (d'où bd qui provient de $(-b)(-d)$). On peut étendre cela à autant de termes et de facteurs que l'on veut.

• Quand on développe, on **simplifie** l'expression trouvée.

Exemple : $A(x) = (x - 3)(2x - 1)$
$= x \times 2x + x \times (-1) - 3 \times 2x - 3 \times (-1)$
$= 2x^2 - x - 6x + 3 = 2x^2 - 7x + 3$

• Quand il y a plusieurs facteurs, on en choisit deux que l'on développe et on répète ensuite le processus.

Exemple : $B(u) = (u - 1)(u - 2)(u + 3) = (u - 1)(u^2 + 3u - 2u - 6)$
$= (u - 1)(u^2 + u - 6) = u^3 + u^2 - 6u - u^2 - u + 6$
$= u^3 - 7u + 6$

III Factorisation

• **Factoriser une expression algébrique (ou numérique), c'est transformer une somme (ou une différence) en un produit.** C'est l'opération réciproque du développement.

$$ka + kb = k(a + b) \quad \text{ou} \quad ka - kb = k(a - b)$$

• Dans l'expression de gauche, on reconnaît dans chaque terme un **produit qui possède un facteur commun** : le nombre k. On le met en facteur et on recopie entre parenthèses le reste de l'expression, sans changer l'ordre.

Cette technique dite du « facteur commun » n'est pas la seule possible. On peut parfois utiliser une identité remarquable, par exemple (→ *voir fiche 10*).

Exemples : factoriser les expressions suivantes.

1. $C(z) = 4z^2 - 5z$
$= 4z^2 - 5z = 4z \times z - 5 \times z = z(4z - 5)$

Pour pouvoir factoriser avec cette technique, il faut distinguer les différents termes de l'expression, ici $4z^2$ et $5z$. Dans chacun d'eux, on cherche un produit puis le facteur commun, ici c'est z.

2. $D(x) = (x - 1)^2 - (2x + 1)(x - 1) - x + 1$
$= (x - 1)(x - 1) - (2x + 1)(x - 1) - (x - 1) \times 1$

On reconnaît trois termes et un facteur commun $(x - 1)$; on remarque que $(x - 1)^2$ c'est $(x - 1)(x - 1)$ et $-x + 1$ c'est $-(x - 1)$.

$D(x) = (x - 1)(x - 1 - (2x + 1) - 1)$

Quand on a factorisé, on simplifie la deuxième parenthèse.

$D(x) = (x - 1)(x - 1 - 2x - 1 - 1).$
$= (x - 1)(-x - 3)$
$= -(x - 1)(x + 3)$

On a ici factorisé la deuxième parenthèse par -1, par souci d'esthétisme.

FICHE 10

dentités remarquables

I Identités remarquables

Soit a et b deux réels. Alors :

on développe

$$(a+b)^2 = a^2 + 2ab + b^2$$

$$(a-b)^2 = a^2 - 2ab + b^2$$

$$(a+b)(a-b) = a^2 - b^2$$

on factorise

Exemples

1. Développer : $E(x) = (2x-5)^2 = (2x)^2 - 2 \times 2x \times 5 + 5^2$
$= 4x^2 - 20x + 25$

On a développé $(a-b)^2$ en $a^2 - 2ab + b^2$.

2. Factoriser : $F(k) = k^2 - 3 = k^2 - \sqrt{3}^2 = (k - \sqrt{3})(k + \sqrt{3})$

On a factorisé $a^2 - b^2$ en $(a-b)(a+b)$.

II Applications

1. Montrer une égalité

Exemples : on considère l'expression $A(x)$ pour un nombre x quelconque : $A(x) = 3x^2 - 2x - 1$. Montrer qu'on peut l'écrire :

$A(x) = 3\left(x - \frac{1}{3}\right)^2 - \frac{4}{3}$.

On part du résultat final, qu'on ne nomme pas $A(x)$, on développe afin de reconnaître l'expression initiale.

$$3\left(x - \frac{1}{3}\right)^2 - \frac{4}{3} = 3\left(x^2 - 2x \times \frac{1}{3} + \frac{1}{9}\right) - \frac{4}{3}$$
$$= 3x^2 - 2x + \frac{1}{3} - \frac{4}{3}$$
$$= 3x^2 - 2x - 1$$
$$= A(x)$$

Attention : ne pas oublier les parenthèses.

2. Résoudre une équation

Exemple : résoudre l'équation $3x^2 = 2x + 1$.

Il peut être intéressant de se ramener à une équation de type $A(x) = 0$.

$3x^2 = 2x + 1 \Leftrightarrow 3x^2 - 2x - 1 = 0$

On exploite l'égalité prouvée au paragraphe 1.

$$3x^2 = 2x + 1 \Leftrightarrow 3x^2 - 2x - 1 = 0 \Leftrightarrow A(x) = 0$$
$$\Leftrightarrow 3\left(x - \frac{1}{3}\right)^2 - \frac{4}{3} = 0 \Leftrightarrow \left(x - \frac{1}{3}\right)^2 = \frac{4}{9}$$

Si $X^2 = a$ avec $a > 0$, alors $X = \sqrt{a}$ ou $X = -\sqrt{a}$

$3x^2 = 2x + 1 \Leftrightarrow x - \frac{1}{3} = \frac{2}{3}$ ou $x - \frac{1}{3} = -\frac{2}{3}$

d'où $x = 1$ ou $x = -\frac{1}{3}$.

L'équation possède donc deux solutions : 1 et $-\frac{1}{3}$.

3. Montrer une inégalité

Justifier qu'on a $3x^2 - 2x - 1 \geqslant -\frac{4}{3}$.

À nouveau, on exploite l'égalité prouvée au paragraphe 1. :

$3x^2 - 2x - 1 = 3\left(x - \frac{1}{3}\right)^2 - \frac{4}{3}$

À retenir : un carré est positif ou nul.

$$\left(x - \frac{1}{3}\right)^2 \geqslant 0 \underset{3>0}{\Rightarrow} 3\left(x - \frac{1}{3}\right)^2 \geqslant 0 \underset{-\frac{4}{3}}{\Rightarrow} 3\left(x - \frac{1}{3}\right)^2 - \frac{4}{3} \geqslant -\frac{4}{3}$$

Démonstration

L'égalité $(a + b)^2 = a^2 + 2ab + b^2$ possède une illustration géométrique à connaître :

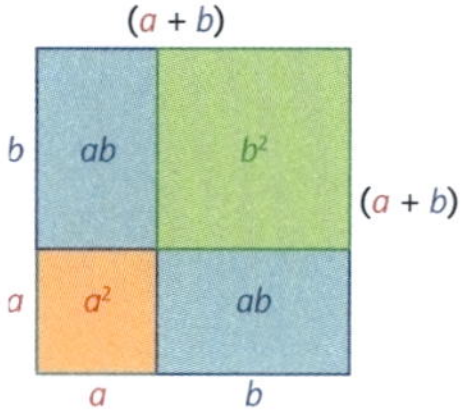

es ensembles de nombres

FICHE 11

Les ensembles permettent de regrouper des nombres qui ont des propriétés communes. Ils ont pour but de simplifier les écritures mathématiques.

I Les différents ensembles de nombres

> L'**ensemble vide** est l'ensemble qui ne possède aucun élément ; on le note ∅.

- ℕ désigne l'ensemble des entiers naturels : ce sont les nombres dont la partie décimale n'est composée que de 0, ils sont positifs. Tout entier naturel possède un successeur, un nombre qui lui est consécutif : ainsi, si n est un entier naturel, $n + 1$ est son successeur. Il n'y a aucun entier strictement compris entre deux entiers consécutifs.

- ℤ désigne l'ensemble des entiers relatifs : ce sont les nombres dont la partie décimale n'est composée que de 0. Ils sont positifs, négatifs ou nuls.

- 𝔻 désigne l'ensemble des décimaux : ce sont les nombres dont la partie décimale possède un nombre fini de décimales non nulles.

- ℚ désigne l'ensemble des rationnels : ce sont les nombres qui s'écrivent comme quotients de deux nombres entiers. Un nombre rationnel peut donc s'écrire sous la forme $\frac{p}{q}$ avec p et q deux nombres entiers relatifs et q différent de 0.

- ℝ désigne l'ensemble des réels : ce sont tous les nombres que nous connaissons. On les qualifie de « réels » car ils permettent d'exprimer des quantités de notre monde (l'heure, un prix, une masse, l'effectif d'une classe, une température, une longueur…). Un nombre réel ne possède pas de successeur : ainsi, il n'y a pas de nombre qui soit juste supérieur à 0, par exemple. Ainsi, entre 0 et 0,000 000 01 (nombre aussi noté 10^{-8}), il y a une infinité de nombres, dont par exemple 0,000 000 000 001 (c'est 10^{-9}) ou 0,000 000 000 000 325 (aussi noté, en écriture scientifique, $3{,}25 \times 10^{-13}$).

- ℕ* est l'ensemble des entiers naturels non nuls (on a enlevé 0) ; ℝ* est l'ensemble des réels non nuls (on a enlevé 0).

II Les intervalles

On considère deux nombre réels a et b tels que $a \leqslant b$.

- L'ensemble des nombres compris entre a et b est un **intervalle borné**. On dit que les nombres ***a* et *b*** sont les **bornes** de l'intervalle.
  - $[a\,;\,b]$ est l'ensemble des réels x tels que $a \leqslant x \leqslant b$;
  - $]a\,;\,b]$ est l'ensemble des réels x tels que $a < x \leqslant b$;
  - $[a\,;\,b[$ est l'ensemble des réels x tels que $a \leqslant x < b$;
  - $]a\,;\,b[$ est l'ensemble des réels x tels que $a < x < b$.
- Il existe des intervalles **non bornés** :
  - $[a\,;\,+\infty[$ est l'ensemble des réels x tels que $a \leqslant x$;
  - $]a\,;\,+\infty[$ est l'ensemble des réels x tels que $a < x$;
  - $]-\infty\,;\,a]$ est l'ensemble des réels x tels que $x \leqslant a$;
  - $]-\infty\,;\,a[$ est l'ensemble des réels x tels que $x < a$.

$\mathbb{R}_+^*$ est l'ensemble des réels positifs non nuls.

- L'ensemble $\mathbb{R}$ peut également s'écrire sous forme d'intervalle : $\mathbb{R} =]-\infty\,;\,+\infty[$.

III Les symboles ∈, ∉, ⊂

Exemples

$2 \in \mathbb{N}$ signifie « 2 appartient à $\mathbb{N}$ » ; on peut dire aussi « 2 est un élément de $\mathbb{N}$ ».

$-2 \notin \mathbb{N}$ signifie « – 2 n'appartient pas à $\mathbb{N}$ » ou encore « – 2 n'est pas un élément de $\mathbb{N}$ ».

- Tout entier naturel est un entier relatif : on dit que $\mathbb{N}$ est inclus dans $\mathbb{Z}$ et on note $\mathbb{N} \subset \mathbb{Z}$.
- De façon générale, on a les inclusions suivantes :

$$\mathbb{N} \subset \mathbb{Z} \subset \mathbb{D} \subset \mathbb{Q} \subset \mathbb{R}.$$

IV Écritures décimales

Fraction	$\frac{1}{2}$	$\frac{1}{4}$	$\frac{3}{4}$	$\frac{1}{5}$	$\frac{2}{5}$	$\frac{3}{5}$	$\frac{4}{5}$	$\frac{1}{3}$	$\frac{2}{3}$
Écriture décimale	0,5	0,25	0,75	0,2	0,4	0,6	0,8	0,333…	0,666…

Multiples et diviseurs

FICHE 12

I Multiples

- Dans $\mathbb{Z}$, tout entier de la forme qa avec $a \in \mathbb{Z}$ et $q \in \mathbb{Z}$ est un **multiple** de l'entier a (et aussi de l'entier q).
- En particulier, 0 est multiple de tout entier car, pour tout $a \in \mathbb{Z}$: $0 = 0a$.
- La somme de deux multiples d'un entier a est un multiple de a.
- Un nombre **pair** est un entier multiple de 2.

Ce sont donc les entiers 2 ; 4 ; 6 ; 8 ; 10 ; 12 ;… ; 2 020 ; 2 022 ; 2 038 ;… et leurs opposés.

- Un entier a est pair si, et seulement si, il existe un entier n tel que $a = 2n$.
- Un entier **impair** est un entier non pair.
- Un entier a est impair si, et seulement si, il existe un entier n tel que $a = 2n + 1$.

Exemples

- $a = 195$ est impair car $a - 1 = 194 = 2 \times 97$ donc $a = 2 \times 97 + 1$.
- Si n est pair, alors $b = (n + 1)^2$ est impair.

En effet, comme n est pair, il existe un entier q tel que $n = 2q$.

Par ailleurs $n = n^2 + 2n + 1 = (2q)^2 + 2 \times 2q + 1 = 4q^2 + 4q + 1$
$= 2\,(2q^2 + 2q) + 1$.

Comme $2q^2 + 2q$ est un entier, il s'ensuit que b est impair.

Par conséquent, le carré d'un nombre impair est impair.

II Diviseurs

- Dans $\mathbb{Z}$, un **diviseur** d'un entier relatif a est un entier $n \in \mathbb{Z}^*$ tel que a est un multiple de n.
- Dans ce cas, on dit que a est **divisible par n** ou que n **divise a**.
- Tout entier est divisible par 1 ; –1, s'il est non nul, par lui-même et son opposé.

$n \in \mathbb{Z}$ est un diviseur de $a \in \mathbb{Z}$ si, et seulement si, il existe $q \in \mathbb{Z}$ tel que $a = qn$.

- Un entier pair est un entier divisible par 2.
- Un entier impair est un entier NON divisible par 2.
- Un entier autre que 1 est **premier** s'il n'est divisible que par 1 et lui-même : il possède **exactement** deux diviseurs.
- Une quotient d'entiers $\frac{a}{b}$ est **irréductible** si a et b ne possèdent aucun autre diviseur **commun positif** que 1.

Exemples

- Tout entier non nul est diviseur de 0 car $0 = 0 \times n$.
- Rendre irréductible la fraction $\dfrac{2-\frac{3}{4}}{8+\frac{1}{3}}$:

$$\frac{2-\frac{3}{4}}{8+\frac{1}{3}} = \frac{\frac{8}{4}-\frac{3}{4}}{\frac{24}{3}+\frac{1}{3}} = \frac{\frac{5}{4}}{\frac{25}{3}} = \frac{5}{4} \times \frac{3}{25} = \frac{5}{4} \times \frac{3}{5 \times 5} = \frac{3}{20}.$$

Les nombres 3 et 20 n'ont pas d'autre diviseur commun positif que 1 donc la fraction est irréductible.

- Le nombre $\sqrt{2}$ n'est pas rationnel : on procède par l'absurde : on suppose qu'il existe p entier et q entier non nul tel que $\sqrt{2} = \frac{p}{q}$, avec $\frac{p}{q}$ **irréductible.**

Alors $\sqrt{2}^2 = \left(\frac{p}{q}\right)^2 = \frac{p^2}{q^2}$ donc $p^2 = 2q^2$ et donc p^2 est pair donc p aussi (car le carré d'un entier impair est impair).

Ainsi, il existe un entier a tel que $p = 2a$ et donc $p^2 = 4a^2$.

Par conséquent : $4a^2 = 2q^2$ donc $q^2 = 2a^2$ et donc q est pair aussi.

Ici réside une contradiction : si p et q sont pairs, alors $\frac{p}{q}$ ne peut pas être irréductible et donc on doit réfuter l'hypothèse de départ : $\sqrt{2}$ n'est donc pas rationnel.

Manipuler les réels

I La droite graduée

• Dans le plan, une droite graduée est une droite munie d'une origine, d'un sens et d'une unité de longueur : il suffit de donner un point O pour origine et un point I distinct de O.

• Tout point M de la droite peut donc être repéré par un nombre réel x, son abscisse.

• Tout réel peut être placé sur un point unique d'une droite graduée.

Exemple

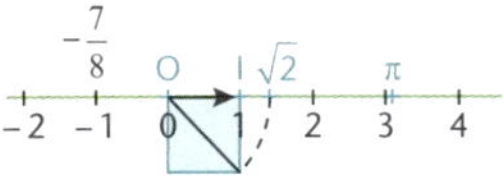

II Distance entre les réels

• La valeur absolue d'un nombre réel x notée $|x|$ est $\begin{cases} x \text{ si } x \geqslant 0 \\ \text{ou} \\ -x \text{ si } x < 0 \end{cases}$

• La valeur absolue d'un nombre est un nombre positif.

• La valeur absolue d'un nombre est sa distance à 0.

• La distance entre deux nombres réels a et b est la valeur absolue de leur différence $|a - b|$.

• Pour tout réel a et tout réel b : $|a - b| = |b - a|$.

• En particulier : pour tout réel x : $|-x| = |x|$.

• Pour tout réel a, $\sqrt{a^2} = |a|$.

• Pour tout réel a, tout réel x et tout réel positif r :

$$|x - a| \leqslant r \Leftrightarrow x \in [a - r\,;\, a + r]$$

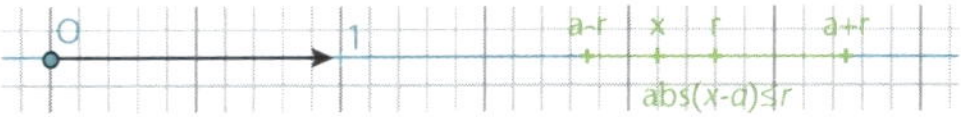

• Les nombres réels x tels que $|x - a| \leqslant r$ sont dits valeurs approchés du réel a à r près.

• Si $x < a$, la valeur approchée est dite « par défaut ».

• Si $x > a$, on la qualifie de « par excès ».

III Les nombres décimaux

- Un nombre réel est décimal si, et seulement si, il peut s'écrire $\dfrac{a}{2^n 5^m}$ avec $a \in \mathbb{Z}$, $n \in \mathbb{N}$, $m \in \mathbb{N}$.

- Soit un réel a. Si x est un nombre décimal tel que $|x - a| \leqslant 10^{-n}$ avec $n \in \mathbb{N}$, alors x est une **valeur approchée décimale de a à 10^{-n} près**.

Exemples

Le nombre $\dfrac{1}{3}$ n'est pas décimal : en effet, $\dfrac{1}{3}$ est une fraction irréductible et 3 n'est divisible ni par 2 ni par 5.

On a $|1{,}414 - \sqrt{2}| \leqslant 10^{-3}$ donc 1,414 est une valeur approchée décimale de $\sqrt{2}$ à 10^{-3} près, par défaut.

En effet $1{,}414^2 = 1{,}999396 < 2$ donc $1{,}414 < \sqrt{2}$.

IV Algorithme de balayage

- On cherche une valeur approchée de $\sqrt{2}$ en « **balayant** » un intervalle I le contenant.

Exemple : on sait $1^2 = 1 < 2 < 4 = 2^2$, donc $\sqrt{2} \in [1 ; 2]$. Donc, on peut choisir $I = [1 ; 2]$.

- On définit un **pas** p petit égal à la précision 10^{-n} que l'on veut pour une valeur approchée de $\sqrt{2}$.

- On calcule les carrés des nombres de l'intervalle I de 10^{-n} en 10^{-n}.

- On s'arrête dès que deux carrés consécutifs encadrent 2. On peut utiliser la condition : « si $(a^2 - 2)(b^2 - 2) \leqslant 0$, alors $\sqrt{2}$ est compris entre les nombres a et b ».

Exemple

```
a = 1
p = 10**(-3)# ici n vaut 3
b = a+p
while (a**2-2)*(b**2-2)>0 :
    a+= p
    b+= p
print(a)
```

- On peut aussi utiliser la dichotomie (voir fiche 5).

Calculs numériques et algébriques

FICHE 14

TEST-BILAN

→ *Réponses au verso.*

Vrai ou faux ? Cochez les affirmations qui sont vraies.
x désigne un réel quelconque.

1 Factorisation

a. ☐ Une factorisation de $x^2 - 5$ est $(x - 5)(x + 5)$.

b. ☐ Une factorisation de $x^2 + 1$ est $(x - 1)(x + 1)$.

c. ☐ Une factorisation de $(x - 1)(2x + 3) - 2(x - 1)$ est $(x - 1)(2x + 1)$.

d. ☐ Il est préférable d'avoir une forme développée plutôt que factorisée.

2 Développement

a. ☐ $(\sqrt{2} - 1)^2 = 3 - \sqrt{2}$

b. ☐ $x(2 - x) - x = x - x^2$

c. ☐ $(x + 2)^2 - x(x - 1) = 5x + 4$

d. ☐ $(x - 5)^2 - x^2 = -5(2x - 5)$, ce qui donne la forme développée.

3 Calcul fractionnaire

a. ☐ $\frac{1}{3} + \frac{1}{7} = \frac{1}{10}$

b. ☐ $\frac{\frac{3}{5}}{\frac{7}{5}} = \frac{3}{7}$

c. ☐ $\frac{1}{3} + \frac{2}{3} \times 2 = 2$

d. ☐ $\frac{1}{a} - \frac{1}{a+1} = \frac{1}{a^2 + a}$ si $a \neq 0$.

4 Ensembles de nombres

a. ☐ $-(\sqrt{2} + 1)^2 + \frac{4}{\sqrt{2}}$ est un entier naturel multiple de 3.

b. ☐ $-(\sqrt{2} + 1)^2 + \frac{4}{\sqrt{2}}$ est un entier relatif divisible par 3.

c. ☐ $-(\sqrt{2}+1)^2+\dfrac{4}{\sqrt{2}}$ est un rationnel.

d. ☐ $-(\sqrt{2}+1)^2+\dfrac{4}{\sqrt{2}}$ est un réel.

SCHÉMA-BILAN

Pratique de la factorisation

Pour factoriser

↓

On repère les + et les –

↓

Dans chaque terme, on fait apparaître des x

↓

Dans chaque terme, on repère s'il existe un facteur commun

oui → On factorise

non → On applique une identité remarquable, si possible

Réponses :

1 **a.** Faux. Si on applique la factorisation de a^2-b^2, on obtient $(x-\sqrt{5})(x+\sqrt{5})$. **b.** Faux. Ce n'est pas factorisable, ce n'est pas une identité remarquable. **c.** Vrai. $(x-1)(2x+3)-2(x-1)=(x-1)(2x+3-2)=(x-1)(2x+1)$. **d.** Faux : il n'y a pas de préférence ; mais vrai également, car on résout beaucoup de choses (équations, inéquations...) avec une forme factorisée. **2** **a.** Faux. $(\sqrt{2}-1)^2=\sqrt{2}^2-2\sqrt{2}+1=3-2\sqrt{2}$. **b.** Vrai. $x(2-x)-x=2x-x^2-x=x-x^2$. **c.** Vrai. $(x+2)^2-x(x-1)=x^2+4x+4-x^2+x=5x+4$. **d.** Vrai. $(x-5)^2-x^2=(x-5-x)(x-5+x)=-5(2x-5)$, ce qui donne la forme développée si on développe encore une fois. **3** **a.** Faux. $\frac{1}{3}+\frac{1}{7}=\frac{7}{21}+\frac{3}{21}=\frac{10}{21}$. **b.** Vrai. $\frac{3}{5}\div\frac{7}{5}=\frac{3}{5}\times\frac{5}{7}=\frac{3}{7}$. **c.** Faux. $\frac{1}{3}+\frac{2}{3}\times 2=\frac{1}{3}+\frac{4}{3}=\frac{5}{3}$. **d.** Faux. Le calcul est correct mais il faut aussi avoir $a\neq -1$. **4** **a.** Faux. $-(\sqrt{2}+1)^2+\frac{4}{\sqrt{2}}=-(\sqrt{2}^2+2\sqrt{2}+1)+2\sqrt{2}=-3$, qui n'est pas un entier naturel. **b.** Vrai, car appartient à $\mathbb{Z}$ et $-3=3\times(-1)$. **c.** Vrai car $\mathbb{Z}\subset\mathbb{Q}$. **d.** Vrai.

I Vocabulaire de base

- Une **fonction**, notée f, est un « outil » mathématique qui, à tout nombre x d'un ensemble de départ $\mathscr{D}$ associe un unique nombre noté $f(x)$ dans un ensemble d'arrivée.
- On schématise cela ainsi :

$$f : x \in \mathscr{D} \mapsto f(x)$$

- Le nombre « au départ », ici noté x est la **variable** de la fonction. $f(x)$ est **l'image** du nombre x par la fonction f.

Exemple

On considère la fonction f définie pour tout réel x par $f : x \mapsto 2x - 3$.

$2x - 3$ est donc l'image du réel x par f. On pourra écrire $f(x) = 2x - 3$.

L'image du réel 7 par f sera donc notée $f(7)$ et on écrira $f(7) = 2 \times 7 - 3 = 11$. Ainsi, 11 est l'image de 7 par f.

- L'ensemble de départ $\mathscr{D}$ est appelé **ensemble de définition** de la fonction. Tout nombre en dehors de $\mathscr{D}$ est une « valeur interdite ».

Exemple

On considère la fonction f définie par $f(x) = \sqrt{x - 2}$.

Pour que $\sqrt{x - 2}$ existe, on doit avoir $x - 2 \geqslant 0$ et donc $x \geqslant 2$. Par conséquent, on peut choisir pour ensemble de définition de f l'intervalle $[2 ; +\infty]$. On écrira $\mathscr{D} = [2 ; +\infty[$ (ou parfois $\mathscr{D}_f$).

- Soit y un réel. S'il existe un réel x dans $\mathscr{D}$ tel que $y = f(x)$, on dit que x est **UN antécédent** de y par f. Un réel y peut posséder un unique antécédent par f, ou aucun antécédent par f, ou plusieurs antécédents par f, y compris une infinité.

Exemple

On considère la fonction f définie par $f(x) = \sqrt{x - 2}$, la fonction g définie sur $\mathbb{R}^*$ par $g : x \mapsto \frac{1}{x}$ et $h : x \in \mathbb{R} \mapsto 4x + 5$.

$f(7) = 11$, donc 7 est un antécédent de 11 par f. Comme une racine est toujours positive, on ne peut avoir $f(x) < 0$. Ainsi, tout nombre strictement négatif n'a aucun antécédent par f.

Pour tout réel $x \neq 0$, $\frac{1}{x} \neq 0$, 0 n'a pas d'antécédent par g.

Pour déterminer le(s) antécédent(s) éventuel(s) de 8 par h, on résout l'équation $h(x) = 8$:

$$h(x) = 8 \Leftrightarrow 4x + 5 = 8 \Leftrightarrow 4x = 3 \Leftrightarrow x = \frac{3}{4}.$$

Ainsi, $\frac{3}{4}$ est l'unique antécédent de 8 par h.

II Courbe

Dans un repère, la **courbe (représentative)** d'une fonction f définie sur $\mathcal{D}$ est l'ensemble des points qui ont pour coordonnées $(x ; f(x))$ avec $x \in \mathcal{D}$.

III Parité

• Une partie A de $\mathbb{R}$ est dite symétrique par rapport à 0 si pour tout $x \in A$, $-x \in A$.

Exemples

$\mathbb{R}$, $\mathbb{R}^*$, $]-\infty ; -3] \cup [3, +\infty[$ sont symétriques par rapport à zéro.

$\mathbb{R}_+$, $\mathbb{R}\backslash\{1\}$, $]-\infty ; -3[\cup [3, +\infty[$ ne le sont pas.

• Une fonction f est **paire** si son ensemble de définition $\mathcal{D}_f$ est **symétrique** par rapport à 0 ET si pour tout $x \in \mathcal{D}_f$, $f(-x) = f(x)$.

• Dans un repère orthogonal, la courbe d'une fonction paire est symétrique par rapport à l'axe des ordonnées. La réciproque est vraie.

• Une fonction f est **impaire** si son ensemble de définition $\mathcal{D}_f$ est **symétrique** par rapport à 0 ET si pour tout $x \in \mathcal{D}_f$, $f(-x) = -f(x)$.

• Dans un repère quelconque, la courbe d'une fonction impaire est symétrique par rapport à l'origine du repère. La réciproque est vraie.

Exemples

• La fonction $f : x \in \mathbb{R} \mapsto \frac{1}{x^2+1}$ est paire car son ensemble de définition est symétrique par rapport à 0 et, pour tout $x \in \mathbb{R}$

$$f(-x) = \frac{1}{(-x)^2+1} = \frac{1}{x^2+1} = f(x).$$

• La fonction $f : x \in \mathbb{R} \mapsto \frac{x}{|x|+1}$ est impaire car son ensemble de définition est symétrique par rapport à 0 et, pour tout $x \in \mathbb{R}$,

$$f(-x) = \frac{-x}{|-x|+1} = -\frac{x}{|x|+1} = -f(x).$$

ourbes des fonctions suelles

FICHE 16

I Fonction « carré »

- $x \in \mathbb{R} \mapsto x^2$

- La courbe est une **parabole** : si elle est tracée dans un repère orthogonal, elle est symétrique par rapport à l'axe des ordonnées (voir ci-contre).

x	$-\infty$		0		$+\infty$
x^2		↘	0	↗	

- 0 est le minimum de la fonction « carré » sur $\mathbb{R}$: $\forall x \in \mathbb{R}$, $x^2 \geqslant \mathbf{0}$.

- D'après les variations, on a donc :
$\forall a \in \mathbb{R}_-, \forall b \in \mathbb{R}_-, a < b \Rightarrow a^2 > b^2$.
$\forall a \in \mathbb{R}_+, \forall b \in \mathbb{R}_+, a < b \Rightarrow a^2 < b^2$.

Courbe de la fonction carrée

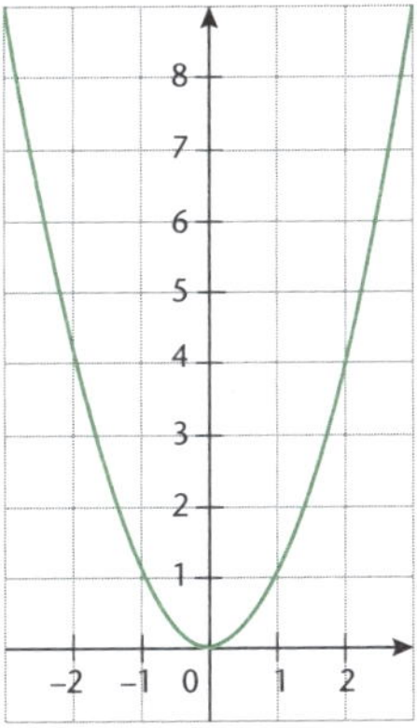

II Fonction « cube »

- $x \in \mathbb{R} \mapsto x^3$

x	$-\infty$		$+\infty$
x^3		↗	

D'après les variations, on a donc :
$\forall a \in \mathbb{R}, \forall b \in \mathbb{R}, a < b \Rightarrow a^3 < b^3$.

Courbe de la fonction cube

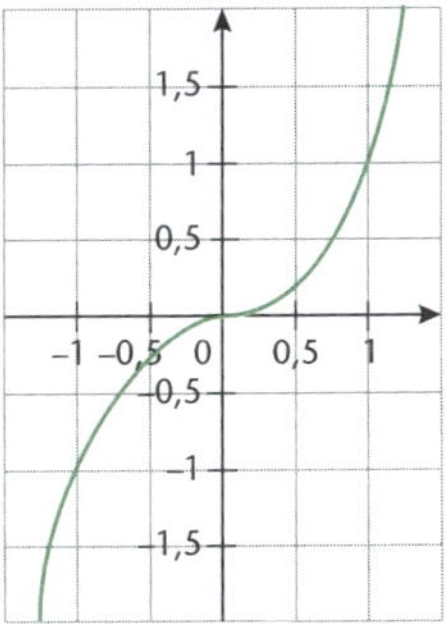

III Fonction « inverse »

- $x \in \mathbb{R}^* \mapsto \dfrac{1}{x}$

- La courbe est une **hyperbole** (voir ci-après). Elle est symétrique par rapport à l'origine du repère.

x	$-\infty$		0		$+\infty$
$\dfrac{1}{x}$		↘	‖	↘	

• La valeur interdite **0** est indiquée par une double barre verticale dans le tableau.

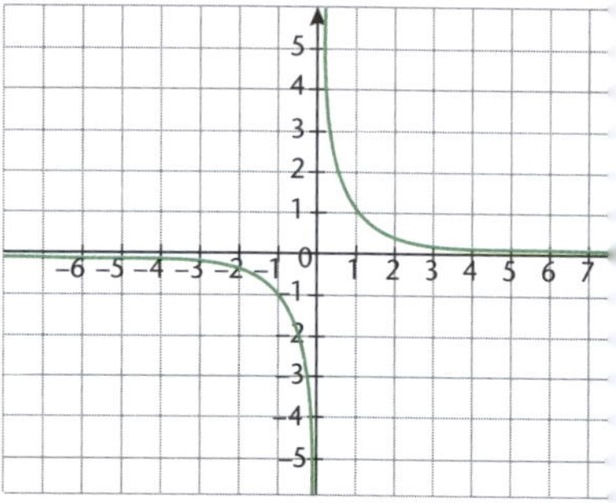

• D'après les variations, on a donc :

$$\forall a \in \mathbb{R}_-^*, \forall b \in \mathbb{R}_-^*, a < b \Rightarrow \frac{1}{a} > \frac{1}{b}.$$

$$\forall a \in \mathbb{R}_+^*, \forall b \in \mathbb{R}_+^*, a < b \Rightarrow \frac{1}{a} > \frac{1}{b}.$$

• En outre, l'inverse d'un réel non nul *x* est du même signe que *x*. Par conséquent :

$$\forall a \in \mathbb{R}_-^*, \forall b \in \mathbb{R}_+^*, a < b \Rightarrow \frac{1}{a} < \frac{1}{b}.$$

IV Fonction « racine carrée »

• $x \in \mathbb{R}_+ \mapsto \sqrt{x}$

Courbe de la fonction racine carrée

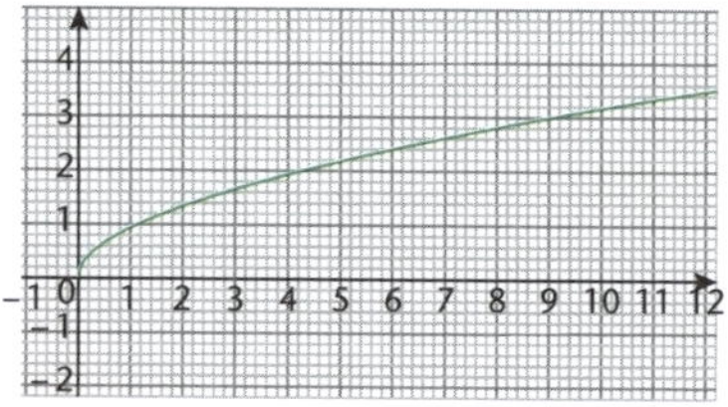

x	0	$+\infty$
$\sqrt{x}$	0 ↗	

• D'après les variations, on a donc :
$\forall a \in \mathbb{R}_+, \forall b \in \mathbb{R}_+, a < b \Rightarrow \sqrt{a} < \sqrt{b}.$

éterminer un tableau e variations

FICHE 17

I Sens de variation sur un intervalle

f est une fonction définie sur un intervalle I.

- f est **croissante** sur I si, pour tout a et tout b dans I :
$$a < b \Rightarrow f(a) \leqslant f(b).$$
- f est **strictement croissante** sur I si, pour tout a et tout b dans I :
$$a < b \Rightarrow f(a) < f(b).$$
- f est **décroissante** sur I si, pour tout a et tout b dans I :
$$a < b \Rightarrow f(a) \geqslant f(b).$$
- f est **strictement décroissante** sur I si, pour tout a et tout b dans I :
$$a < b \Rightarrow f(a) > f(b).$$

Exemples

1. La fonction « carré » est décroissante sur $\mathbb{R}_-$. Soit $a < b$ avec a et b deux réels négatifs. $a^2 - b^2 = (a - b)(a + b)$. Or $a < b$ donc $a - b < 0$. Comme a et b sont négatifs, on a donc $a + b < 0$. Par règle des signes, on a donc $(a - b)(a + b) > 0$.

• Ainsi, $a^2 - b^2 > 0$ et donc $a^2 > b^2$.

• On a donc prouvé que, pour tout a et tout b dans $\mathrm{I} = \mathbb{R}_-$:
$$a < b \Rightarrow a^2 > b^2,$$
ce qui prouve la stricte décroissance annoncée au début.

2. On considère la fonction g définie sur $\mathrm{I} =]1\,;+\infty[$ par $g(x) = 2 - \dfrac{4}{-x^2+1}$. Étudier les variations de la fonction g sur I.

• Soient a et b deux réels de I tels que $a < b$. Procédons par inégalités successives. $1 < a < b \Rightarrow 1 < a^2 < b^2$ car la fonction « carré » est strictement croissante sur $\mathbb{R}_+$ donc sur I.

• En multipliant par -1 : $-1 > -a^2 > -b^2$, d'où $0 > -a^2 + 1 > -b^2 + 1$.

• Comme la fonction « inverse » est strictement décroissante sur $\mathbb{R}_-^*$: $\dfrac{1}{-a^2+1} < \dfrac{1}{-b^2+1}$.

• Par suite, en multipliant par -4 qui est négatif :
$\dfrac{-4}{-a^2+1} > \dfrac{-4}{-b^2+1}$.

• Et enfin : $2 + \dfrac{-4}{-a^2+1} > 2 + \dfrac{-4}{-b^2+1}$.

- On a donc prouvé que pour tout a et tout b dans I :
$$a < b \Rightarrow f(a) > f(b).$$
- Ainsi, la fonction f est strictement décroissante sur $I =]1\ ;\ +\infty[$.

II Tableau de variations : exemples

- g définie sur $I =]1\ ;\ +\infty[$ par $g(x) = 2 - \dfrac{4}{-x^2+1}$ est strictement décroissante et non définie en 1. Un logiciel de géométrie fournit :

x	1		$+\infty$
$g(x)$	‖	↘	

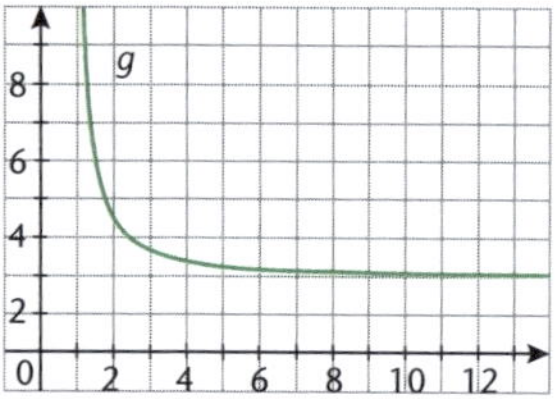

- Soit la fonction f définie par sa courbe sur $I = [-2\ ;\ 8]$.

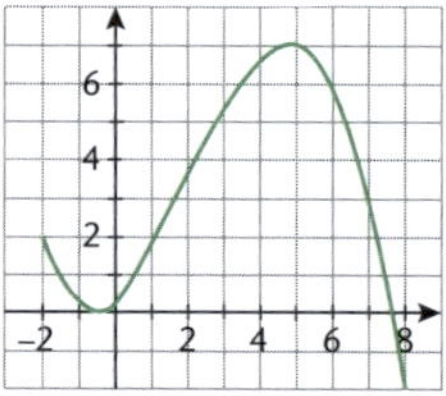

x	-2		$-\frac{1}{2}$		5		8
$g(x)$	1,7	↘	0	↗	7	↘	-2

f possède un minimum -2 atteint en $x = 8$ et un maximum 7 atteint en $x = 5$.

III Extremum

f est une fonction définie sur un intervalle I.

- Un réel M est le **maximum** de la fonction f sur I si, pour tout réel $x \in I$, $f(x) \leqslant M$; et si M possède un antécédent par f.
- Un réel m est le **minimum** de la fonction f sur I si, pour tout réel $x \in I$, $f(x) \geqslant m$; et si m possède un antécédent par f.

xploiter un tableau e variations

FICHE 18

I Utilisation d'un tableau de variations

- Un tableau de variations permet de visualiser l'évolution d'une quantité $f(x)$ qui dépend d'une quantité variable x ; x appartenant à un ensemble : **l'ensemble de définition**.
- Lors des changements de sens de variation, on observe la présence d'un **extremum local**.

> Un **extremum** est un maximum ou un minimum ; il peut être local ou global.

- On peut utiliser Python pour déterminer un extremum.

Exemple

On considère la fonction f définie sur l'intervalle $I = \left[-\frac{1}{2} ; \frac{1}{2}\right]$ par $f(x) = 9x - 108x^3$.

Le tableau de variations de cette fonction, admis en classe de Seconde (on apprendra les dérivées en Première) est le suivant.

x	$-\frac{1}{2}$		$-\frac{1}{6}$		$\frac{1}{6}$		$\frac{1}{2}$
Variation de f	9	↘	−1	↗	1	↘	−9

Ce qui correspond à la courbe suivant, obtenue avec Geogebra :

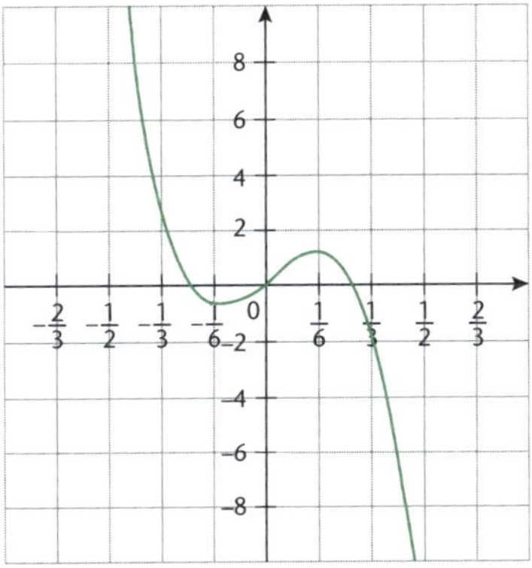

On constate que :

- 9 est le maximum de f atteint en $x = -\frac{1}{2}$;
- 1 est un maximum local, uniquement pour des réels x « voisins » de $\frac{1}{6}$;
- –9 est le minimum de f atteint en $x = \frac{1}{2}$;
- –1 est un minimum local, uniquement pour des réels x « voisins » de $-\frac{1}{6}$.

On peut retrouver ces résultats avec Python :

```
def f(x)
   return 9*x–108*x**3
M=max([f(–1/2+x/100) for x in range(100)])
# maximum de f pour x ⩾ –1/2 par pas de 1/100
 pour 100 valeurs
M1=max([f(–1/3+x/100) for x in range(100)])
# idem pour x ⩾ –1/3
m = min ([f(–1/2+x/100) for x in range(100)])
# idem pour min
m1 = min([f(–1/3+x/100) for x in range(100)])
# idem pour min
```

II Exemple en gestion

- Une entreprise fabrique des objets à 4 milliers d'euros par tonne. La fonction C définie sur [0 ; 10] désigne, pour x tonnes produites, le coût de fabrication. On donne $C(x) = 0{,}7x^2 + 2{,}1x + 0{,}2$. Quel est le bénéfice maximum ?
- On commence par exprimer la recette : $R(x) = 4x$.
- Puis on exprime le bénéfice :
$B(x) = R(x) - C(x) = 4x - (0{,}7x^2 + 2{,}1x + 0{,}2) = -0{,}7x^2 + 1{,}9x - 0{,}2$.
- On observe graphiquement que le bénéfice maximum semble réalisé pour $x \cong 2{,}5$, d'où un bénéfice maximum d'environ 0,175 milliers d'euros. On peut aussi contrôler cela avec Python ou avec la calculatrice (→ *voir annexes*).

ositions relatives de courbes

FICHE 19

I Cas général

- On suppose f et g, deux fonctions définies sur un même intervalle. La courbe de f est située **au-dessus** de celle de g si, pour tout $x \in I$: $f(x) \geqslant g(x)$I.
- L'égalité donne les **intersections** éventuelles des deux courbes.
- Pour étudier un tel problème, on étudie le **signe de la différence** $f(x) - g(x)$.

On peut utiliser la propriété $A \geqslant B \Leftrightarrow A - B \geqslant 0$ ou des inégalités successives.

II Application

- On s'intéresse à la position relative des courbes d'équation $y = x$, $y = x^2$, $y = x^3$.
- Pour tout réel, on pose $f(x) = x$, $g(x) = x^2$, $h(x) = x^3$.
- Un logiciel de géométrie permet de conjecturer les positions relatives :

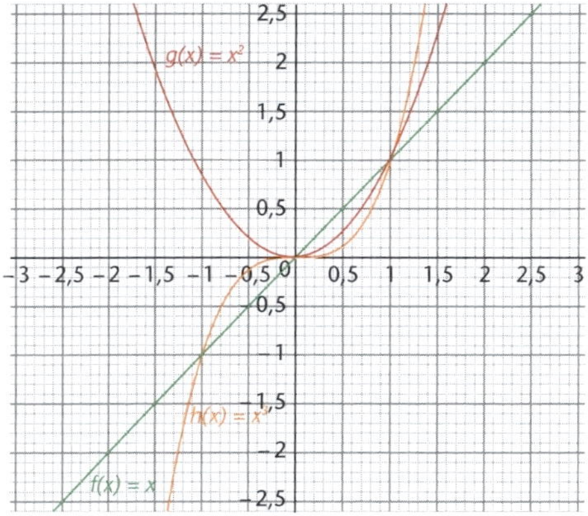

- Il semble que l'on doive considérer plusieurs cas, selon la valeur de x par rapport à –1, 0, 1.
- Comparons x^3 et x^2 :

• si $x < 0$, alors $x^3 \leqslant x^2$ car un carré est toujours positif ;
• si $x > 1$, alors $x^3 > x^2$ en multipliant par x^2 de part et d'autre de l'inégalité. Donc $h(x) > g(x)$;
• si $0 < x < 1$, de la même façon, on prouve $x^3 < x^2$;
• si $x = 0$ ou $x = 1$, les courbes se coupent.

• Comparons x et x^2. Étudions le signe de la différence $f(x) - g(x) = x - x^2 = x(1 - x)$.

Le tableau de signes suivant donne les positions relatives :

f	$-\infty$		0		1		$+\infty$
$x(1 - x)$		$-$	0	$+$	0	$-$	

• Si $x > 1$: $f(x) < g(x)$.
• Si $0 < x < 1$: $f(x) < g(x)$.
• Les courbes se croisent en $x = 0$ et $x = 1$.
• Si $x < 0$: $f(x) < g(x)$.

• Il reste à comparer x et x^3 quand $x < 0$.
• $x - x^3 = x(1 - x^2) = x(1 - x)(1 + x)$.
• Si $x < -1$, alors $x < 0$ et $1 + x < 0$ et $1 - x > 0$ donc, par règle des signes, $x - x^3 > 0$ et donc $f(x) > h(x)$.
• Si $-1 < x < 0$, alors $x < 0$ et $1 + x > 0$ et $1 - x > 0$ donc $x - x^3 > 0$ et donc $f(x) < h(x)$.

• On note $\mathscr{C}_f$, $\mathscr{C}_g$, $\mathscr{C}_h$ les courbes :
• sur $]-\infty\,;-1[$ $\mathscr{C}_h$ est sous $\mathscr{C}_f$ qui est sous $\mathscr{C}_g$;
• sur $]-1\,;0[$ $\mathscr{C}_f$ est sous $\mathscr{C}_h$ qui est sous $\mathscr{C}_g$;
• sur $]0\,;1[$ $\mathscr{C}_h$ est sous $\mathscr{C}_g$ qui est sous $\mathscr{C}_f$;
• sur $]1\,;+\infty[$ $\mathscr{C}_f$ est sous $\mathscr{C}_g$ qui est sous $\mathscr{C}_h$.

III Algorithmique

Il existe de nombreux procédés de « tri » qui permettent de programmer la comparaison des réels x, x^2, x^3 pour une valeur de x entrée par l'utilisateur.

FICHE 20

Fonctions numériques

TEST-BILAN

→ *Réponses au verso.*

Vrai ou faux ? Cochez les affirmations qui sont vraies.

1 Ensemble de définition

a. ☐ La fonction « inverse » est définie sur $\mathbb{R}_+$.

b. ☐ La fonction « racine carrée » $x \mapsto \sqrt{x}$ est définie sur $\mathbb{R}_+$ car une racine carrée est toujours positive.

c. ☐ La fonction définie par $x \mapsto \dfrac{x^2}{x-1}$ est définie sur $\mathbb{R}\backslash\{1\}$.

d. ☐ La fonction définie par $x \mapsto \dfrac{x}{x^2-1}$ est définie sur $\mathbb{R}\backslash\{1\}$.

2 Images

a. ☐ L'image de $-\dfrac{1}{3}$ par la fonction « inverse » est 3.

b. ☐ Si $f(x) = 5x^2 - 3x + 1$, alors $f(-1) = 3$.

c. ☐ L'image de 1 par la fonction $x \mapsto \dfrac{1}{x-1}$ est 0.

d. ☐ Une fonction f vérifie $f(6) = 2$; alors 2 a un seul antécédent par f.

3 Antécédents

a. ☐ Le nombre –2 possède un unique antécédent par la fonction « carré ».

b. ☐ Le nombre –2 possède un unique antécédent par la fonction « inverse ».

c. ☐ Le nombre –2 possède un unique antécédent par toute fonction affine.

d. ☐ Le nombre 0 n'a pas d'antécédent par la fonction « inverse ».

4 Variations

a. ☐ On peut dire que la fonction « inverse » est décroissante sur $\mathbb{R}_+^*$.

b. ☐ On peut dire que la fonction « inverse » est décroissante sur $\mathbb{R}^*$.

c. ☐ La fonction $x \mapsto x^2 + 1$ est croissante sur $\mathbb{R}_+$.

d. ☐ La fonction $x \mapsto 3x + 2$ est décroissante.

SCHÉMA-BILAN

Étude d'une fonction

Déterminer l'ensemble de définition

↓

Calculer des images

↓

Étudier les variations

↓

Construire une courbe

Réponses :

1 **a.** Faux. Elle est définie sur $\mathbb{R}^*$. **b.** Faux. Ce n'est pas $\sqrt{x}$ qui doit être positif, mais x. La justification donnée est fausse. **c.** Vrai car $x - 1 = 0 \Leftrightarrow x = 1$. **d.** Faux car $x^2 - 1 = 0 \Leftrightarrow x = 1$ ou $x = -1$. **2** **a.** Faux. C'est – 3. **b.** Faux car $f(-1) = 5(-1)^2 - 3(-1) + 1 = 5 + 3 + 1 = 9$. **c.** Faux. La fonction n'est pas définie en 1. **d.** Faux, elle peut en avoir d'autres. **3** **a.** Faux. Un carré n'est pas négatif ; –2 n'a aucun antécédent par la fonction « carré ». **b.** Vrai. C'est $-\frac{1}{2}$. **c.** Faux. Si la fonction est constante, on peut en avoir une infinité ou aucun. **d.** Vrai. **4** **a.** Vrai. **b.** Faux. **c.** Vrai. **d.** Faux.

I Définition

- Une fonction **affine** est définie sur $\mathbb{R}$ par $x \mapsto ax + b$.
- Cas particuliers :
  - si $a = 0$, la fonction est **constante** ;
  - si $b = 0$, la fonction est **linéaire**, et si $a \neq 0$, cela traduit une relation de proportionnalité entre les valeurs de x et celles de $f(x)$. a est alors le **coefficient de proportionnalité**.
- Si x_1 et x_2 sont deux réels distincts, il n'existe qu'une seule fonction affine f telle que $y_1 = f(x_1)$ et $y_2 = f(x_2)$. Une expression de cette fonction est de la forme $f(x) = ax + b$ avec $a = \dfrac{f(x_1) - f(x_2)}{x_1 - x_2}$ et $b = f(x_1) - ax_1$.

Exemples

1. Soit f la fonction affine définie par $f(4) = 1$ et $f(-1) = 2$.
Déterminer son expression en fonction de la variable x.

On utilise la propriété précédente avec $x_1 = 4$, $y_1 = 1$, $x_2 = -1$, $y_2 = 2$.

Alors $a = \dfrac{f(x_1) - f(x_2)}{x_1 - x_2} = \dfrac{y_1 - y_2}{x_1 - x_2} = \dfrac{1-2}{4-(-1)} = -\dfrac{1}{5}$.

Par ailleurs : $b = f(x_1) - ax_1 = y_1 - ax_1 = 1 - \left(-\dfrac{1}{5}\right) \times 4 = 1 + \dfrac{4}{5} = \dfrac{9}{5}$.

On remarquera qu'on aurait aussi pu écrire :

$$b = f(x_2) - ax_2 = y_2 - ax_2 = 2 - \left(-\frac{1}{5}\right) \times (-1) = 2 - \frac{1}{5} = \frac{9}{5}.$$

Ainsi, l'expression cherchée est : $\forall x \in \mathbb{R}$, $f(x) = -\dfrac{1}{5}x + \dfrac{9}{5}$.

2. Calculer l'image du réel 4 par la fonction précédente.

$f(4) = -\dfrac{1}{5} \times 4 + \dfrac{9}{5} = \dfrac{5}{5} = 1$.

- La courbe d'une fonction affine $x \mapsto ax + b$ est une droite de **coefficient directeur** a et **d'ordonnée à l'origine** b :
  - si $a = 0$, la droite est parallèle à l'axe des abscisses ;
  - si $b = 0$, la droite passe par l'origine du repère.

II Tableau de signes

Soit $ax + b$ l'expression d'une fonction affine, avec $a \neq 0$.

$$ax + b = 0 \Leftrightarrow x = -\frac{b}{a}$$

x	$-\infty$		$-\frac{b}{a}$		$+\infty$
$ax + b$		signe de $-a$	0	signe de a	

Exemples

1. Donner le tableau de signes de la fonction $f(x) = -\frac{2}{3}x + 5$.

On résout $-\frac{2}{3}x + 5 = 0$ où on calcule $-\frac{b}{a} = -\frac{5}{-\frac{2}{3}} = \frac{15}{2}$.

Comme $a = -\frac{2}{3} < 0$, le tableau de signes est le suivant.

x	$-\infty$		$\frac{15}{2}$		$+\infty$
$-\frac{2}{3}x + 5$		+	0	−	

2. Résoudre l'inéquation $\frac{4x - 1}{x + 2} > 0$.

$4x - 1 = 0 \Leftrightarrow x = \frac{1}{4}$; $x + 2 = 0 \Leftrightarrow x = -2$.

x	$-\infty$		-2		$\frac{1}{4}$		$+\infty$
$4x - 1$		−		−	0	+	
$x + 2$		−	0	+		+	
$\frac{4x - 1}{x + 2}$		+	‖	−	0	+	

La dernière ligne se remplit en utilisant la règle des signes. On en déduit :

$$\frac{4x - 1}{x + 2} > 0 \Leftrightarrow x \in \left]-\infty ; -2\right[\cup \left]\frac{1}{4} ; +\infty\right[.$$

Attention : il y a une valeur interdite, celle qui annule le dénominateur (→ *voir fiche 15*).

III Variations

On suppose $f(x) = ax + b$ pour tout réel x.

- Si $a > 0$, alors f est strictement **croissante** sur $\mathbb{R}$.
- Si $a = 0$, alors f est **constante** sur $\mathbb{R}$.
- Si $a < 0$, alors f est strictement **décroissante** sur $\mathbb{R}$.

I Principe

Pour résoudre une (in)équation, il convient de raisonner par équivalences. Le symbole de l'équivalence est ⇔. Une équivalence s'écrit entre deux propositions : ce sont des assertions dont on peut dire qu'elles sont toutes les deux vraies ou toutes les deux fausses.

Exemple : $x^2 = 1 \Leftrightarrow x = 1$ ou $x = -1$ car, de part et d'autre du symbole ⇔, les propositions sont toutes deux vraies en même temps.

II Méthodes algébriques

1. Équations produit nul

Un produit est nul si, et seulement si, l'un des facteurs est nul.

Exemple : résoudre l'équation $x^3 - 5x^2 = 0$.
$x^3 - 5x^2 = 0 \Leftrightarrow x^2(x-5) = 0 \Leftrightarrow x^2 = 0$ ou $x - 5 = 0 \Leftrightarrow x = 0$ ou $x = 5$.

2. Inéquations

Quand on doit résoudre une inéquation, on peut dresser un tableau de signes.

Exemple : résoudre l'inéquation $x^3 \geqslant 5x^2$.

$x^3 \geqslant 5x^2 \Leftrightarrow x^3 - 5x^2 \geqslant 0 \Leftrightarrow x^2(x-5) \geqslant 0$

x	$-\infty$		0		5		$+\infty$
x^2		+	0	+	|	+	
$x - 5$		−	|	−	0	+	
$x^2(x-5)$		−	0	−	0	+	

Les solutions de l'inéquation sont les réels de $]-\infty\,;0] \cup [5\,;+\infty[$.

3. Avec la fonction « carré »

Avec la fonction « carré », on se donne un réel a.

- Si $a < 0$, alors l'équation $x^2 = a$ n'a aucune solution.
- Si $a = 0$, alors l'équation $x^2 = a$ a une unique solution, $x = 0$.
- Si $a > 0$, alors l'équation $x^2 = a$ a deux solutions distinctes $x = \sqrt{a}$ et $x = -\sqrt{a}$.

Inéquations	$x^2 < a$	$x^2 \leqslant a$	$x^2 > a$	$x^2 \geqslant a$
$a < 0$	Pas de solution	Pas de solution	$\mathbb{R}$	$\mathbb{R}$
$a = 0$	Pas de solution	$x = 0$	$\mathbb{R}^*$	$\mathbb{R}$
$a > 0$	$x \in]-\sqrt{a}\ ;\ \sqrt{a}[$	$x \in [-\sqrt{a}\ ;\ \sqrt{a}]$	$x \in]-\infty\ ;\ -\sqrt{a}[\cup]\sqrt{a}\ ;\ +\infty[$	$x \in]-\infty\ ;\ -\sqrt{a}] \cup [\sqrt{a}\ ;\ +\infty[$

4. Avec des quotients

Pour tout nombre $B \neq 0$, $D \neq 0$: $\dfrac{A}{B} = \dfrac{C}{D} \Leftrightarrow AD = BC$.

III Méthodes graphiques

• On considère une fonction f définie sur un intervalle I. Soit k un réel quelconque.

• Résoudre l'équation $f(x) = k$, c'est déterminer les abscisses des points de la courbe de f dont l'ordonnée est k.

• Résoudre l'inéquation $f(x) < k$ (ou $f(x) \leqslant k$), c'est déterminer les abscisses des points de la courbe de f dont l'ordonnée est strictement inférieure (ou inférieure ou égale) à k.

• Résoudre l'inéquation $f(x) > k$ (ou $f(x) \geqslant k$), c'est déterminer les abscisses des points de la courbe de f dont l'ordonnée est strictement supérieure (ou supérieure ou égale) à k.

Exemple

On considère la fonction f définie sur $I = [-3\ ;\ 3]$ et $k = 4{,}6$.

Les solutions de $f(x) = 4{,}6$ sont les réels environ égaux à 2,2 et –2,2.

Les solutions de $f(x) \leqslant 4{,}6$ sont les réels de $[-2{,}2\ ;\ 2{,}2]$.

Les solutions de $f(x) > 4{,}6$ sont les réels de $[-3\ ;\ -2{,}2[\cup]2{,}2\ ;\ 3]$.

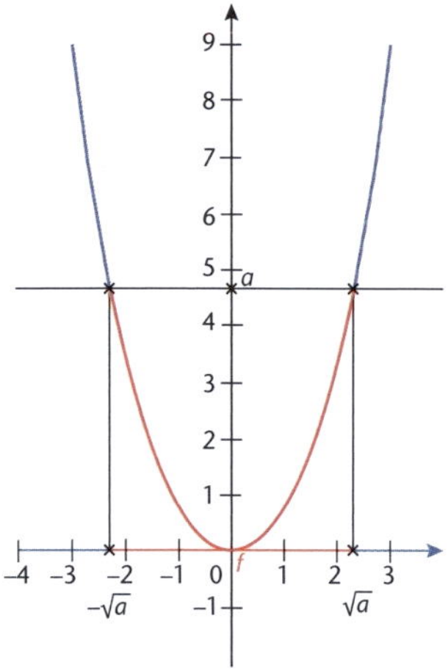

n exemple de fonctions our modéliser

FICHE 23

I Les fonctions homographiques

- Une fonction homographique f peut s'exprimer comme le **quotient de deux fonctions affines**.
- Il existe quatre réels a, b, c, d tels que $f(x) = \dfrac{ax+b}{cx+d}$.
- Le réel c n'est pas nul.
- La fonction f n'est pas définie en la valeur $-\dfrac{d}{c}$.
- La fonction « **inverse** » est une fonction homographique particulière ($a = 0$, $b = 1$, $c = 1$, $d = 0$).
- La courbe de la fonction f est une **hyperbole**.

Exemple : donner l'ensemble de définition de la fonction f définie par $f(x) = \dfrac{6x-5}{3x-1}$. Montrer qu'alors $f(x) = 2 - \dfrac{3}{3x-1}$.

$f(x)$ existe si, et seulement si, $3x - 1 \neq 0$.

Donc f est définie sur $\mathbb{R} \setminus \left\{\dfrac{1}{3}\right\}$.

Soit $x \neq \dfrac{1}{3}$; $2 - \dfrac{3}{3x-1} = \dfrac{2(3x-1)}{3x-1} - \dfrac{3}{3x-1} = \dfrac{6x-2-3}{3x-1} = \dfrac{6x-5}{3x-1}$.

II Étude d'une situation : la vitesse moyenne

- Un automobiliste effectue un aller-retour entre deux villes A et B. L'aller se fait à la vitesse moyenne de 80 km.h^{-1}. Le retour s'effectue à la vitesse moyenne inconnue de x km.h^{-1}.

Notons d la distance qui sépare les deux villes, t_1 le temps de trajet pour l'aller et t_2 celui pour le retour.

- Puisque $v = \dfrac{d}{t}$, on peut donc écrire : $t_1 = \dfrac{d}{80}$ et $t_2 = \dfrac{d}{x}$.

Le temps total de parcours est donc :

$$t = t_1 + t_2 = d\left(\frac{1}{80} + \frac{1}{x}\right) = \frac{d(80+x)}{80x}.$$

- La vitesse sur l'aller-retour, donc sur un trajet total d'une distance $2d$, est :

$$\frac{2d}{\dfrac{d(80+x)}{80x}} = \frac{2d}{d} \times \frac{80x}{80+x} = \frac{160x}{80+x}.$$

• On pose, pour tout $x \in]0 ; 130]$: $h(x) = \dfrac{160x}{80 + x}$. Calculons la vitesse moyenne sur l'aller-retour si la vitesse moyenne sur le retour est de 20 km.h^{-1} :

$$h(20) = 160 \times \frac{20}{80 + 20} = \frac{3\,200}{100} = 32 \text{ km.h}^{-1}.$$

• Peut-on avoir une vitesse moyenne sur l'aller-retour égale à 60 km.h^{-1} ?

On résout l'équation :

$$h(x) = 60 \Leftrightarrow \frac{160x}{80 + x} = 60 \Leftrightarrow 160x = 60(80 + x)$$

$$\Leftrightarrow 160x = 4800 + 60x \Leftrightarrow 100x = 4800 \Leftrightarrow x = 48.$$

Il faut donc avoir parcouru le retour à 48 km.h^{-1}.

• Le logiciel Geogebra fournit la courbe suivante.

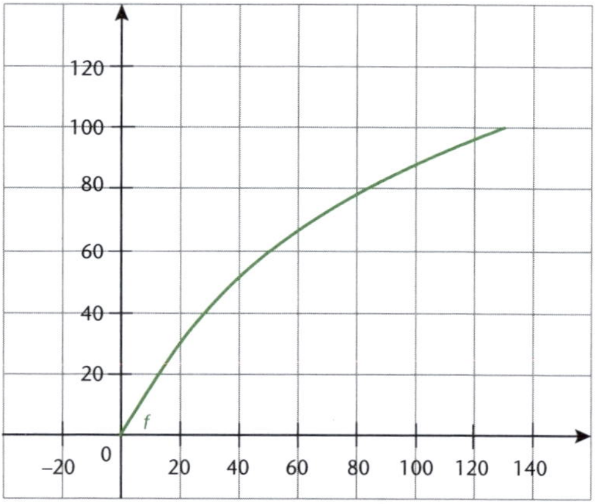

Dans la zone de création d'objets, on tape :

$f(x)$=160x / (80 + x), 0 < x <130.

• On observe qu'on ne dépassera pas 100 km.h^{-1} en vitesse moyenne (le maximum de h est obtenu pour $x = 130$).

Fonctions et algèbre

FICHE 24

TEST-BILAN

→ *Réponses au verso.*

Vrai ou faux ? Cochez les affirmations qui sont vraies.

1 Modéliser avec des fonctions affines

a. ☐ On prend un taxi. La prise en charge est de 2 € et on paye 1 € au kilomètre. Pour x km, on paye $2x + 1$.

b. ☐ Un ressort mesure à vide 10 cm. Son allongement est proportionnel à la masse qu'on lui accroche. Alors sa longueur avec une masse de m grammes peut être donnée par $l = 10 + 2m$.

c. ☐ La fonction « carré » est affine.

d. ☐ La fonction « inverse » est affine.

2 Variations des fonctions affines

a. ☐ La fonction $x \mapsto \frac{1}{3}x - 2$ est décroissante.

b. ☐ La fonction $x \mapsto 2x - 10$ est croissante.

c. ☐ La fonction $x \mapsto \frac{1}{3}x - 2 + \frac{2}{3}x - 4 - x$ est strictement croissante.

d. ☐ La fonction affine telle que $f(2) = 1$ et $f(3) = 0$ est strictement décroissante.

3 Équations $f(x) = 0$

a. ☐ Si pour tout réel x on a $f(x) = x^3 - 4$, alors on peut trouver une solution de l'équation $x^3 = 4$ uniquement par dichotomie.

b. ☐ $x^2 = 3$ a pour unique solution $\sqrt{3}$.

c. ☐ $x^2 + 1 = 0$ n'a pas de solution dans $\mathbb{R}$.

d. ☐ Une lecture graphique remplace une démonstration ou un calcul.

❹ Inéquations et fonctions

a. ☐ Si, pour tout réel x, on a $f(x) = x^3 - 4$, alors on peut trouver une solution de l'équation $x^3 \leqslant 4$ uniquement par dichotomie.

b. ☐ $x^2 \leqslant 3$ a pour solutions les réels de $[0\,;\sqrt{3}]$.

c. ☐ $x^2 + 1 \geqslant 0$ n'a pas de solution dans $\mathbb{R}$.

d. ☐ $x^2 + 1 < 0$ n'a pas de solution dans $\mathbb{R}$.

SCHÉMA-BILAN

Résolution d'équations avec des fonctions

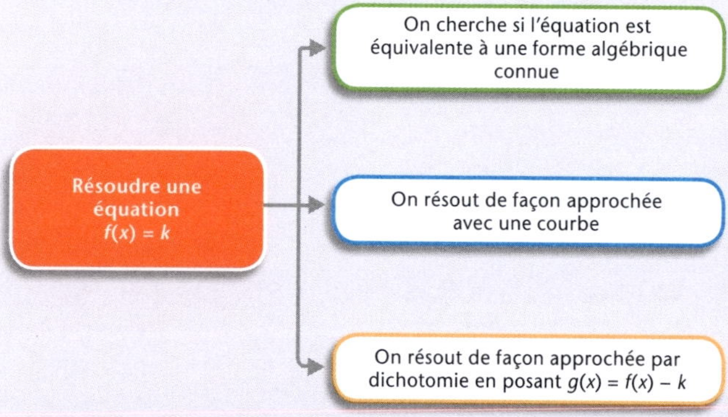

Réponses :

❶ **a.** Faux. On paiera $2 + 1x = 2 + x$. **b.** Vrai, si le coefficient de proportionnalité, appelé constante de raideur du ressort, vaut 2. **c.** Faux. **d.** Faux. ❷ **a.** Faux car $\frac{1}{3} > 0$. **b.** Vrai. $2 > 0$. **c.** Faux. Elle est constante car $\frac{1}{3}x - 2 + \frac{2}{3}x - 4 - x = -6$. **d.** Vrai. ❸ **a.** Faux. On peut aussi utiliser une courbe qui donnera une valeur approchée, tout comme la dichotomie. **b.** Faux. L'équation admet deux solutions : $\sqrt{3}$ et $-\sqrt{3}$. **c.** Vrai. **d.** Faux. ❹ **a.** Faux. La dichotomie permet de résoudre des équations. **b.** Faux. Les solutions sont les réels de $[-\sqrt{3}\,;\sqrt{3}]$. **c.** Faux. Tous les réels sont solutions. **d.** Vrai car $x^2 + 1$ est positif pour tout x de $\mathbb{R}$.

Étude d'une fonction et modélisation

Sujet

Un oiseau effectue un plongeon dans l'eau afin d'aller pêcher un poisson.
Sa trajectoire est modélisée par la courbe de la fonction f définie sur $[0\ ;\ 7]$ par $f(x) = x^2 - 8x + 12$. $f(x)$ représente l'altitude en mètres du volatile par rapport à la surface de l'eau, quand il est à une distance horizontale de x mètres de son point de départ.

1. Quelle est l'altitude de départ de l'oiseau ?

2. Écrivez une fonction en Python qui calcule $f(x)$ à partir de l'entrée x.

3. Pour quelle valeur de x l'altitude de l'oiseau est-elle 12 mètres ?

4. Montrez que, pour tout réel $x \in [0\ ;\ 7]$, on a :

$$f(x) = (x - 2)(x - 6).$$

5. Déduisez-en les moments au cours desquels l'oiseau est sous l'eau.

6. Montrez que $f(x) = (x - 4)^2 - 4$.

Avant de commencer

▶ Lire l'énoncé en entier afin de vérifier si l'on a bien compris le problème.

▶ Pour chaque question, déterminer le point du cours dont il s'agit.

▶ Tracer la courbe de la fonction à la calculatrice pour mieux visualiser.

À quelle profondeur maximale le poisson plonge-t-il ?

→ Vous devez calculer une image. Remplacez x par la valeur 0 dans l'expression de $f(x)$.

1. Le départ de l'oiseau correspond à $x = 0$. L'altitude de départ est $f(0) = 12$.

➔ Définissez une fonction en Python avec « def » ; n'oubliez pas l'indentation ni « return ».

2.

```
def f(x)
   return x**2-8*x+12
```

➔ Déterminez un antécédent.

3. Déterminer à quel endroit une altitude est atteinte, c'est déterminer un antécédent.
On doit donc résoudre par l'algèbre l'équation $f(x) = 12$.

➔ Pensez aux équivalences et utilisez la factorisation et la règle sur les produits nuls.

3. L'altitude 12 est atteinte pour tout réel $x \in [0 ; 7]$ tel que $f(x) = 12$.

$$\begin{aligned} f(x) = 12 &\Leftrightarrow x^2 - 8x + 12 = 12 \\ &\Leftrightarrow x^2 - 8x = 0 \\ &\Leftrightarrow x(x - 8) = 0 \\ &\Leftrightarrow x = 0 \text{ ou } x = 8. \end{aligned}$$

➔ Ne retenez que les solutions qui appartiennent à l'ensemble de définition [0 ; 7].

3. Seul 0 est solution.

➔ Développez $(x - 2)(x - 6)$ pour trouver $f(x)$.

4. Soit $x \in [0 ; 7]$: $(x - 2)(x - 6) = x^2 - 8x + 12 = f(x)$.

➔ Dressez un tableau des signes.

5.

x	0		2		6		7
$x - 2$		–	0	+		+	
$x - 6$		–		–	0	+	
$f(x)$		+	0	–	0	+	

L'oiseau est sous l'eau pour $x \in]2 ; 6[$.

➔ Un carré est toujours positif. On en déduit une inégalité.

6. $(x - 4)^2 \geqslant 0$ donc $(x - 4)^2 - 4 \geqslant -4$.
Or, $f(4) = (4 - 4)^2 - 4 = -4$. Le poisson plonge, au plus profond, à 4 mètres.

I Théorie

La statistique descriptive consiste à étudier une population composée d'individus du point de vue d'un caractère qui peut être quantitatif ou qualitatif. Ces termes doivent être pris au sens large.

Exemples

• Population : élèves d'un lycée ;
individus : chacun des élèves ;
caractère étudié : le nombre d'amis sur un réseau social donné.
C'est un caractère quantitatif, qui se mesure par un nombre entier.

• Population : boîtes de petits pois produites dans une usine ;
individus : chacune des boîtes ;
caractère étudié : la masse en grammes.
En effet, le remplissage automatique ou manuel des boîtes est calibré mais ne donne pas nécessairement exactement la masse écrite sur l'emballage. Néanmoins, si la différence de masse est faible, cela ne pose pas de problème. C'est une question qu'un laboratoire de contrôle de qualité d'une entreprise peut se poser.
C'est un caractère quantitatif, qui se mesure par un nombre réel.

• Population : bébé nés à une date donnée dans un hôpital ;
individus : chacun des bébés ;
caractère étudié : la couleur des yeux des bébés deux ans plus tard.
Le caractère étudié est qualitatif (ne se mesure pas par un nombre).

II Analyse statistique

• L'effectif d'une valeur d'un caractère est le nombre de fois où cette valeur apparaît.

• Le nombre d'individus de la population est l'effectif total.

• La fréquence d'une valeur est le quotient de l'effectif de cette valeur par l'effectif total :

$$\text{Fréquence de la valeur} = \frac{\text{effectif de la valeur}}{\text{effectif total}}.$$

La fréquence d'une valeur est toujours un nombre compris **entre 0 et 1**.

Exemples

1. Tableau donnant le nombre d'enfants âgés de 0 à 16 ans dans un échantillon de 100 familles.

Nombres d'enfants	0	1	2	3	4	5
Effectif	50	23	9	15	2	1
Effectifs cumulés croissants	50	73	82	97	99	100

Interprétations :
- 73 représente le nombre de familles qui ont eu 0 ou 1 enfant ;
- 97 représente le nombre de familles qui ont eu, au plus, 3 enfants.

2. Tableau donnant la répartition des masses des nouveau-nés dans un hôpital.

Masse (en kg)	Fréquence	Fréquences cumulées décroissantes
[2,5 ; 3[	0,15	1
[3 ; 3,5[	0,32	0,85
[3,5 ; 4[	0,4	0,53
[4 ; 4,5[	0,13	0,13

Interprétations :
- 85 % de ces nouveau-nés ont une masse supérieure à 3 kg ;
- 53 % de ces nouveau-nés ont une masse supérieure à 3,5 kg.

- Une fréquence peut s'exprimer en pourcentage. C'est aussi une **proportion**.

Exemple : une fréquence de $f = 0,2856$ équivaut à un pourcentage de $t = 28,56$ % car $0,2856 = \frac{28,56}{100}$.

- $f = \frac{t}{100}$ ou $t = 100f$.
- Partie d'une partie : prendre t % d'une partie qui représente T % d'une population totale revient à prendre $\frac{tT}{100}$ % de l'ensemble de la population.

Exemple : une association regroupe 40 % de philatélistes, dont 12,5 % sont spécialistes des timbres de l'ex-URSS.

Ils représentent $\frac{40 \times 12,5}{100} = 5\%$ du total.

I Paramètres résumés d'une série statistique

1. Paramètres de position

Valeur	x_1	x_2	…	x_p
Effectif	n_1	n_2	…	n_p

Effectif total : $N = n_1 + n_2 + \ldots + n_p$.

- Pour un caractère à p valeurs, appelées **modalités**, la **moyenne** de cette série statistique est le réel noté $\overline{x}$ tel que :

$\overline{x} = \dfrac{n_1x_1 + n_2x_2 + \ldots + n_px_p}{N}$. Cette moyenne est **pondérée**.

- On peut calculer la moyenne $\overline{x}$ à partir des fréquences :
$\overline{x} = f_1x_1 + f_2x_2 + \ldots + f_px_p$.

- La moyenne est linéaire : si l'on transforme des valeurs x de moyenne $\overline{x}$ en $ax + b$, alors la moyenne des nouvelles valeurs est $a\overline{x} + b$.

> **Exemple :** un professeur décide d'augmenter la moyenne de 20 %, en ajoutant 2 points ensuite à chaque élève. Ainsi, si x est une note, elle sera transformée en $1{,}2x + 2$.
> Si la moyenne finale est 11, alors la moyenne initiale vérifie $11 = 1{,}2\overline{x} + 2$, d'où $\overline{x} = \dfrac{9}{1{,}2} = 7{,}5$.

- Le **centre** d'un intervalle $[a\,;\,b]$ est le nombre $\dfrac{a+b}{2}$.
- La **médiane** de cette série est :
  - quand N est **impair**, la $\dfrac{N+1}{2}^{e}$ **valeur** de la série ;
  - quand N est **pair**, la valeur au centre de l'intervalle **entre la** $\dfrac{N}{2}^{e}$ **et la** $\dfrac{N}{2} + 1^{e}$ **valeur** de la série.
- Le **premier quartile** est le plus petit élément Q_1 des valeurs des termes de la série, tel qu'au moins 25 % des données sont inférieures ou égales à Q_1. Idem pour le troisième quartile Q_3 avec 75 %.

Exemple : temps en minutes consacré à la lecture du journal quotidien chez 16 personnes :

15 13 1 9 17 19 13 10 4 8 6 8 14 12 14 9

On range les seize valeurs dans l'ordre croissant.

• Médiane : il y a 16 valeurs donc la médiane est au milieu de la 8e et de la 9e valeur, c'est-à-dire 11 minutes.
• Premier quartile : 25 % de 16 personnes est égal à 4, donc le premier quartile est la 4e valeur. $Q_1 = 8$ minutes.
• Troisième quartile : 12e valeur, $Q_3 = 14$ minutes.

2. Paramètres de dispersion

• La différence entre la plus grande et la plus petite donnée d'une série est l'**étendue**.

• La différence entre le troisième quartile et le premier quartile ($Q_3 - Q_1$) est l'**écart interquartile**.

II Exemple : notes d'un devoir

Note sur 20	7	8	9	10	11	12	13	14	15
Effectif	2	3	5	2	1	6	3	3	2
Effectifs cumulés croissants	2	5	10	12	13	19	22	25	27

• **Paramètres de position**

• Moyenne : $\overline{x} = \dfrac{297}{27} = 11.$

• Médiane : il y a 27 valeurs donc la médiane est la 14e valeur, c'est-à-dire 12.

• Premier quartile : 25 % de 27 personnes est égal à 6,75 donc le premier quartile est la 7e valeur ; $Q_1 = 9$.

• Troisième quartile : 75 % de 16 personnes est égal à 20,25 donc le troisième quartile est la 21e valeur donc $Q_3 = 13$.

Avec la calculatrice

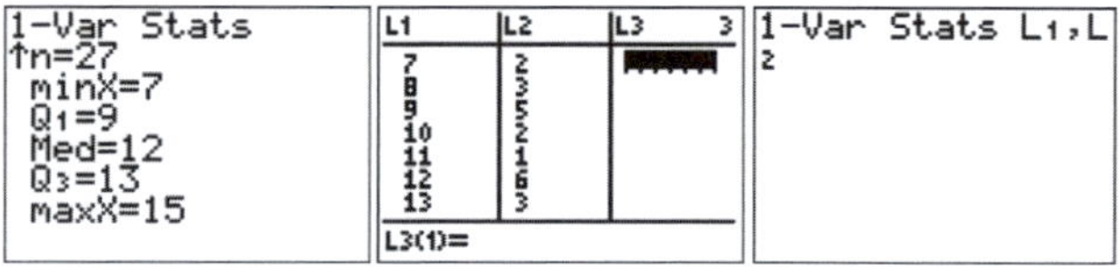

• **Paramètres de dispersion**

• L'étendue est 15 – 7 = 8 et l'écart interquartile est 13 – 9 = 4.

I Pourcentage d'évolution

• Quand une grandeur passe d'une valeur V_d (valeur de départ) à une valeur V_a (valeur d'arrivée), son **évolution** peut se mesure de plusieurs façons :

- par une **variation absolue** : $V_a - V_d$;
- par une **variation relative** : $\frac{V_a - V_d}{V_d}$ exprimable par un **pourcentage** t % ;
- par un nombre appelé **coefficient multiplicateur** qui peut être noté CM.

• Dans un tel cas, le pourcentage peut être **négatif** ou **dépasser 1**. Si une évolution correspond à t % alors le coefficient multiplicateur est $CM = 1 + \frac{t}{100}$.

• $t = 100(CM - 1)$ %

Tableau des variations selon le Coefficient Multiplicateur

%	0	+100 %	+20 %	+200 %	+4,05 %	−25 %	−90 %	−100 %
CM	× 1	× 2	× 1,20	× 3	× 1,0405	× 0,75	× 0,1	× 0
Traduction	stagnation	hausse				baisse		perte totale

• On a la relation fondamentale : $V_a = CM \times V_d$.

Exemple : le PIB par habitant est passé en France de 36 870,22 (V_d) en 2016 à 38 476,66 (V_a) en 2017 en dollars américains.

La **variation absolue** est donc 38 476,66 – 36 870,22 = 1 606,44.

La **variation relative** est $\frac{38\,476{,}66 - 36\,870{,}22}{36\,870{,}22} \cong 0{,}0436 = 4{,}36\ \%$.

Le **coefficient multiplicateur** est 1,0436.

Entre 2015 et 2016, l'évolution fut de 0,7 %.

Donc, si on note V_d la valeur en 2015, on a $36\,870{,}22 = 1{,}007 \times V_d$ et donc $V_d = \frac{36\,870{,}22}{1{,}007} \cong 36\,614$.

II Évolutions consécutives et réciproque

- Quand deux évolutions d'une même grandeur évoluent consécutivement, on **multiplie** les coefficients multiplicateurs :

$CM_{global} = CM_1 \times CM_2 \times \ldots \times CM_{final}$.

- **On ne doit surtout pas additionner les pourcentages d'évolution.**

Exemple : un téléphone sort sous un nouveau modèle, ce qui génère une augmentation de 20 % de son prix, qui atteint désormais 600 €. Un an plus tard, ce prix a baissé de 120 €. Cette dernière baisse correspond à $\frac{V_a - V_d}{V_d} = \frac{-120}{600} = -\frac{1}{5} = -20\ \%$.

En revanche, l'évolution globale n'est pas une stagnation. En effet, la première évolution correspond à un coefficient multiplicateur $CM_1 = 1{,}2$ et la seconde à $CM_2 = 0{,}8$.

Ainsi, globalement, le coefficient multiplicateur est :

$CM_1 \times CM_2 = 1{,}2 \times 0{,}8 = 0{,}96 \neq 1$.

Or, $t = 100(CM - 1) = 100 \times (0{,}96 - 1) = 100 \times (-0{,}04) = -4$.

Par conséquent, le prix a globalement diminué de 4 % suite aux deux évolutions successives.

- Quand deux évolutions se succèdent, pour revenir à la valeur de départ, le deuxième coefficient multiplicateur est le **coefficient multiplicateur réciproque** du premier $CM_{réciproque} = \frac{1}{CM_{initial}}$.

Exemple : pour revenir au prix initial suite à une augmentation de 20 %, le deuxième coefficient multiplicateur est :

$$CM_{réciproque} = \frac{1}{CM_{initial}} = \frac{1}{1{,}2} = \frac{1}{\frac{6}{5}} = \frac{5}{6} = -\frac{1}{6}.\ \text{Or } \frac{1}{6} \cong 16{,}7\ \%.$$

Cela représente une augmentation de 20 %, compensée par une baisse de 16,7 % environ. Et cela, quelles que soient les valeurs !

De la même façon, une baisse de 20 % compense une hausse calculée par $CM_{hausse} = \frac{1}{\frac{4}{5}} = \frac{5}{4} = 1{,}25$.

FICHE 29

Statistiques descriptives

TEST-BILAN

→ *Réponses au verso.*

Vrai ou faux ? Cochez les affirmations qui sont vraies.

On considère la série suivante :

1 ; 3 ; 1 ; 2 ; 3 ; 4 ; 3 ; 2 ; 3 ; 1 ; 3 ; 2.

1 Description d'une série

a. ☐ L'effectif total est 4.

b. ☐ Les effectifs cumulés sont 3 ; 6 ; 11 ; 12.

c. ☐ La fréquence des résultats supérieurs ou égaux à 3 est $\frac{1}{2}$.

d. ☐ La série est qualitative.

2 Moyenne

a. ☐ La moyenne de la série est $\frac{7}{3}$.

b. ☐ Si on ajoute 5 fois la même valeur à cette série, alors la moyenne devient 3. La valeur ajoutée 5 fois est donc 4,6.

c. ☐ On enlève la plus petite valeur de la série initiale. Alors la moyenne diminue et la médiane aussi.

d. ☐ La moyenne est égale à la médiane.

3 Médiane et quartiles

a. ☐ Pour calculer un quartile, il n'est pas nécessaire d'ordonner la série.

b. ☐ La médiane est 2.

c. ☐ Le premier quartile est 1.

d. ☐ L'étendue de la série est 3.

4 Programmation

a. ▢ Pour définir la série précédente avec Python, on écrit : « L=[1,1,1,2,2,2,3,3,3,3,3,4] ».

b. ▢ L'effectif total est obtenu par « len(L) ».

c. ▢ La moyenne s'obtient par « sum(L) ».

d. ▢ Le calcul de la médiane peut se faire par « statistics.median(L) ».

SCHÉMA-BILAN

Mener une étude statistique

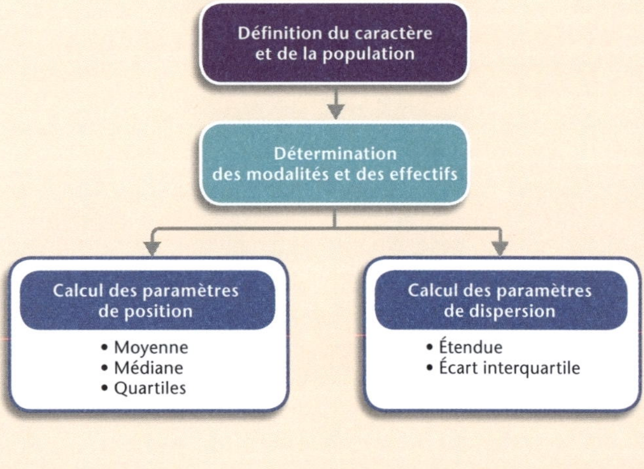

Réponses :

1 a. Faux. 4 est le nombre de modalités ; 12 est l'effectif total. b. Vrai, après avoir rangé les données dans l'ordre croissant. c. Vrai. Il y a 6 résultats supérieurs ou égaux à 3 sur 12, soit une fréquence $\frac{6}{12} = \frac{1}{2}$. d. Faux. Elle est quantitative.

2 a. Vrai. La somme des valeurs est 28, donc la moyenne de la série est $\frac{28}{12} = \frac{7}{3}$.
b. Vrai. On résout $\frac{28 + 5x}{17} = 3$ d'où $x = \frac{23}{5} = 4,6$. c. Faux. Dans ce cas, seule la moyenne diminue. d. Faux. **3** a. Faux. b. Faux. C'est 2,5. c. Vrai. d. Vrai, c'est 4 − 1. **4** a. Vrai. b. Vrai. c. Faux ; par « sum(L)/len(L) ». d. Vrai. Statistics est une bibliothèque d'instructions dédiée aux statistiques.

éaliser une simulation

FICHE 30

I Simuler

- Tout ordinateur (ou calculatrice) dispose d'un **générateur de nombres aléatoires**. Il en existe de plusieurs types mais la plupart fonctionnent de la même façon.
- Une instruction spécifique produit un nombre réel appartenant à l'intervalle [0 ; 1] ou un entier dans un intervalle donné.
- On notera que si un nombre r appartient à l'intervalle [0 ; 1[, alors, pour tout entier naturel n, le nombre $nx + 1$ appartient à $[1 ; n + 1[$. Si on note $\lfloor nx + 1 \rfloor$ l'entier juste inférieur ou égal à $nx + 1$, alors on produit ainsi un nombre entier dans $[1 ; n]$ aléatoirement. $\lfloor nx + 1 \rfloor$ est appelé **partie entière** de $nx + 1$.
- Si on produit plusieurs nombres aléatoirement, on dit qu'on produit un **échantillon** et qu'on a **simulé une loi de probabilité**. Le nombre de valeurs simulées est la **taille** de l'échantillon.

II Avec la calculatrice

CASIO	T.I.
Ran# s'obtient par OPTN PROB	rand ou rand() s'obtient par OPTN PROB
On génère ainsi un nombre aléatoire dans [0 ; 1[.	
Pour simuler un nombre entier aléatoire, on utilisera donc l'instruction partie entière :	
Int	partEnt(

III Avec Python

- Un échantillon peut être simulé dans une **liste**.
- Pour générer des nombres aléatoires, on doit importer une bibliothèque spécifique par « **import random** ».
- L'instruction « **random.random()** » fournit un réel choisi aléatoirement dans l'intervalle [0;1[.
- L'instruction « **random.randint(1,50)** » fournit un entier choisi aléatoirement dans l'intervalle [1;50].

- Si on veut produire un échantillon de taille N ∈ $\mathbb{N}^*$, on écrit : « [random.randint(1,50) for i in range(N)] ». Il faut que N ait été affecté au préalable.

- « random.choice(liste) » permet de tirer aléatoirement un élément d'une « liste ».

- Calcul de la moyenne d'une série ou des valeurs d'une liste (voir ci-contre).

```
def moyenne(liste):
    n = len(liste)
    s = 0
    for x in liste:
    s = s + x
    return s/n
```

- Calcul de la médiane d'une série ou des valeurs d'une liste :

```
def mediane(liste):
    n = len(liste)
    liste.sort()          # on trie les valeurs de la liste dans l'ordre croissant
    l'ordre croissant
    if n%2 == 0:          # on teste si l'effectif total est pair
    return (liste[n//2]+ liste[n//2-1])/2
```

si oui, on retourne la moyenne du $\frac{n}{2}^{e}$ et du $\left(\frac{n}{2}+1\right)^{e}$ terme de la liste

```
    else:
    return liste[(n+1)//2]
```

si on renvoie le $\left(\frac{n+1}{2}\right)^{e}$ terme

- Il existe des outils de production de graphiques.

IV Exemples

- Lancer 1 000 fois d'un dé à 6 faces : « [random.randint(1,50) for i in range(1000)] ».

- Gain à un jeu : on lance un dé à 6 faces et on gagne 2 € si on obtient 5 ou 6. Si on obtient 1, on gagne 1 €, sinon on perd 1 €. On peut mettre en place une fonction :

```
def jeu():
    de=random.randint(1,6) # on simule le résultat du dé à 6 faces
    if de > 4:
        gain = 2
    elif de == 1 : # test d'une égalité
        gain = 1 # affectation de la valeur 1 à la variable « gain »
    else :
        gain = –1
    return gain
```

Intervalle de fluctuation au seuil de 95 %

FICHE 31

I Population et échantillon

- On considère une population (composée d'individus) sur laquelle on étudie un caractère de proportion p.
- Un caractère est un aspect observable : taille de personnes, distance de trajets domicile-travail, couleur des yeux.
- On prélève un échantillon de taille n : tirage au sort de n individus dans la population. La fréquence d'apparition du caractère C dans cet échantillon est f, non nécessairement égale à p puisqu'il s'agit d'un échantillon aléatoire.
- Comme on travaille sur des échantillons, les fréquences observées f peuvent fluctuer entre les échantillons.
- Loi faible des grands nombres : lorsque la taille de l'échantillon est grande, sauf exception, la fréquence observée est proche de la probabilité.

II Étude des fluctuations

- On peut déterminer un intervalle de fluctuation.
- Pour $n > 25$ et $0{,}2 < p < 0{,}8$, la probabilité que la fréquence observée f appartienne à l'intervalle $I_{0,95} = \left[p - \frac{1}{\sqrt{n}} ; p + \frac{1}{\sqrt{n}}\right]$ est supérieure ou égale à 95 % (0,95).

III Comparaison population/échantillon

Population	Échantillon
Un caractère apparaît dans toute la population dans la proportion $p = \frac{m}{N}$. m est le nombre d'individus de la population qui présentent le caractère. N est le nombre total d'individus de la population.	On prélève n individus parmi N. On obtient alors un échantillon de taille n. On mesure, dans l'échantillon, la fréquence f d'apparition de ce caractère : $f = \frac{m'}{n}$. m' est le nombre d'individus de l'échantillon qui présentent le caractère.

IV Règle de décision

On en déduit une règle statistique utile dans les tests statistiques.

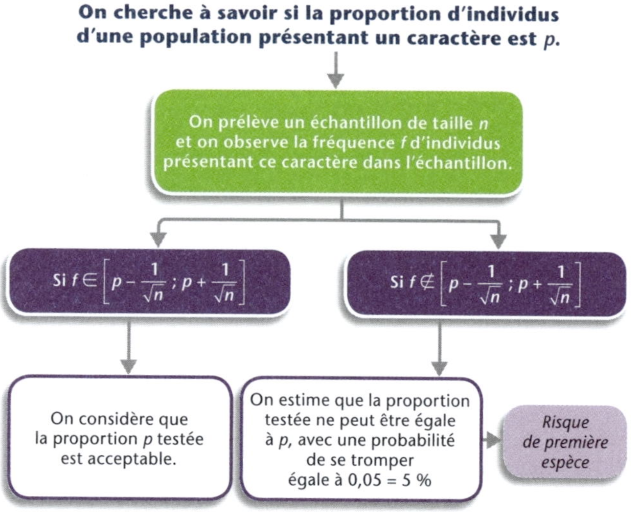

Exemple

Une agence de publicité fait une étude d'impact d'une campagne publicitaire pour un nouveau produit. On souhaite, dans un premier temps, que la proportion p de personnes dans la population qui ont eu connaissance du produit par la campagne publicitaire soit égale à 0,34. On fait une étude sur un échantillon de 500 personnes. On constate que le nombre de personnes connaissant ce nouveau produit est 171. Peut-on conclure que la campagne a atteint son objectif ?

On procède ici au test d'une proportion $p = 0{,}34$ par intervalle de fluctuation, par un échantillon de taille $n = 500$.

$$\mathrm{I} = \left[p - \frac{1}{\sqrt{n}} ; p + \frac{1}{\sqrt{n}}\right] = [0{,}295 ; 0{,}385]$$

Comme 171 personnes sur 500 présentent le caractère dans l'échantillon, $f = \frac{171}{500} = 0{,}342$.

Comme $0{,}342 \in \mathrm{I}$, on estime que la campagne a atteint son but.

Échantillonnage

TEST-BILAN

→ *Réponses au verso.*

Vrai ou faux ? Cochez les affirmations qui sont vraies.

1 Simulation

a. ☐ On lance un dé à 6 faces : « random.randint(1,6) » est l'instruction Python associée.

b. ☐ On lance deux dés à 6 faces et on additionne les résultats : « random.randint(2,12) » convient.

c. ☐ On choisit un garçon parmi 12 et une fille parmi 18 pour former un binôme de délégués. On peut le faire grâce à « random.randint(1,12)+ random.randint(1,18) ».

d. ☐ On choisit uniquement l'une des lettres du mot MATHS. On peut utiliser la liste « L=['M','A','T','H','S'] » et utiliser « L(random.randint(1,5)) ».

2 Production d'un échantillon

a. ☐ On lance 100 fois un dé à 6 faces avec « sim=[random.randint(1,6) for i in range(100)] ».

b. ☐ La moyenne des lancers est 3.

c. ☐ La fréquence d'obtention du nombre 3 est obtenue par la syntaxe en Python ci-contre.

```
S=0
for valeur in sim :
    if valeur==3 :
        S+=1
```

d. ☐ L'étendue des lancers de la série est 5.

3 Intervalle de fluctuation

a. ☐ L'intervalle de fluctuation pour un échantillon de taille $n = 100$ pour une proportion $p = 0,5$ est [0,49 ; 0,51].

b. ☐ Pour une proportion p donnée dans une population, si on augmente la taille n de l'échantillon, la taille de l'intervalle de fluctuation augmente aussi.

c. ▢ On simule un échantillon de taille $n = 100$ de lancers d'un dé à 6 faces. On s'intéresse à la fréquence d'obtention du 3. La probabilité que cette fréquence soit en dehors de l'intervalle de fluctuation est de 95 %.

d. ▢ La réponse à la question précédente correspond au programme Python suivant :

```
de=[random.randint(1,6) for i in range(100)]
S=0
for valeur in de :
        if valeur==3 :
            S+=1
if S/100<1/6-1/10 or S/100>1/6+1/10 :
        print('la fréquence n'est pas dans l'intervalle')
else :
        print('la fréquence est dans l'intervalle')
```

SCHÉMA-BILAN

Créer et interpréter des échantillons

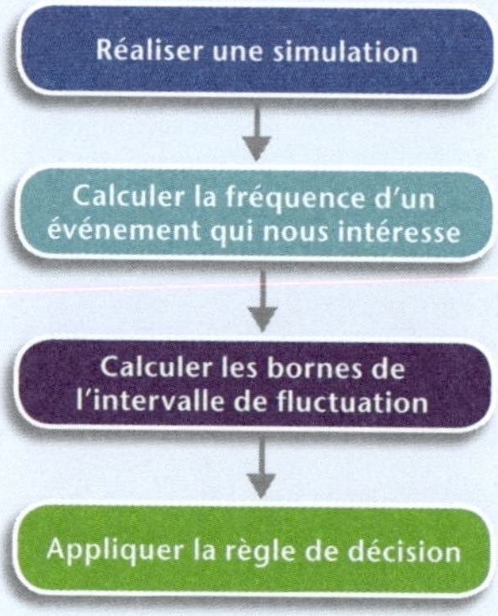

Réponses :

1 **a.** Vrai. **b.** Faux. Il faut considérer « random.randint(1,6) + random.randint(1,6) ». **c.** Vrai, si on numérote les garçons et les filles. **d.** Faux. Il faut utiliser « L(random.randint(0,4)) ». **2** **a.** Vrai. **b.** Faux. C'est aléatoire. **c.** Faux. Il faut diviser S par 100. **d.** Faux. Cela n'est vrai que si 1 et 6 sont dans l'échantillon simulé ; ce qui, bien que très probable, n'est pas sûr. **3** **a.** Faux. $\frac{1}{\sqrt{100}} = \frac{1}{10}$ donc l'intervalle de fluctuation est [0,4 ; 0,6]. **b.** Faux. C'est le contraire. **c.** Faux. c'est au plus 5 %. **d.** Vrai.

FICHE 33

robabilités : vocabulaire es événements

En probabilités, on étudie des **phénomènes aléatoires** : le **hasard** intervient lors de la réalisation de l'**expérience**, si bien qu'on ne peut en déterminer *a priori* l'**issue**, le résultat. Toutefois, on doit pouvoir dresser la **liste** des issues possibles.

I Définitions

- L'ensemble des résultats possibles d'une expérience aléatoire est appelé l'**univers**. On le note souvent E ou Ω (omega).

- Un univers peut être représenté par un **diagramme de Venn**.

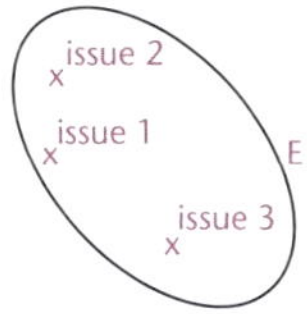

Diagramme de Venn

- Un **résultat** de l'expérience, appelé aussi **issue** (possible), est donc un élément de cet ensemble.

Il peut y avoir une infinité d'issues possibles mais, en Seconde, les univers n'auront qu'un nombre fini d'éléments, qu'on appelle le **cardinal de l'univers**, noté Card (E) ou Card (Ω).

- Un **événement** est un ensemble d'issues qui ont une propriété commune. C'est une partie A de E. Lors de la réalisation de l'expérience, on s'intéresse à la réalisation ou non d'un événement.

Exemples

- Lors du lancer d'un dé à six faces, truqué ou non, E = {1, 2, 3, 4, 5, 6}. A = « Obtenir un résultat pair » est un événement qui peut, ou non, se réaliser lors de l'expérience. On écrit A = {2, 4, 6}.
- Lors du lancer d'une pièce, équilibrée ou non, E = {pile, face}. Il n'y a que quatre événements possibles pour cette expérience : E, {pile}, {face}, Ø.

- L'univers E est appelé « **événement certain** ».

- L'ensemble vide Ø est appelé « **événement impossible** ».

- Un **événement élémentaire** n'est réalisé que par une seule issue. On le note {x} où x est l'issue unique appartenant à l'événement.

- Si deux événements A et B n'ont aucune issue en commun, on dit qu'ils sont **incompatibles**. Si l'un est réalisé lors de l'expérience, alors l'autre ne l'est pas.

Exemple : lors du lancer d'un dé à six faces, truqué ou non, si A = « Obtenir un résultat pair » = {2, 4, 6}, B = « Obtenir un résultat multiple de 3 » = {3, 6} et C = « obtenir un 3 » = {3}, alors A et C sont incompatibles et C est élémentaire. En revanche, B et C ne sont pas incompatibles car l'issue 3 les réalise tous deux.

II Opérations sur les événements

Soit E l'univers d'une expérience aléatoire, avec A et B deux événements.

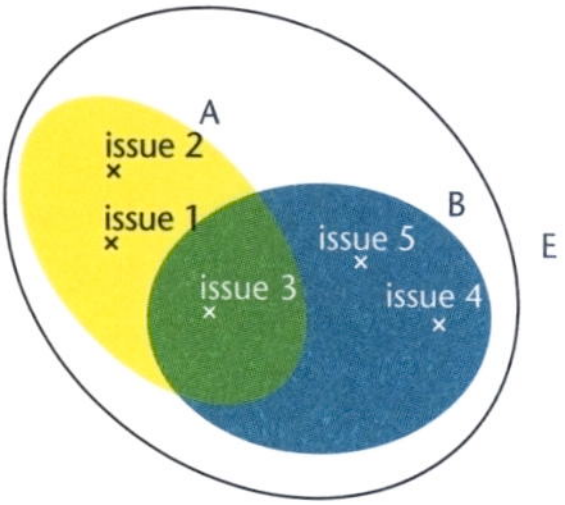

- La **réunion** (ou union) de A avec B s'écrit **A ∪ B**. C'est l'ensemble des issues de l'expérience qui réalisent l'un ou l'autre au moins des deux événements. Il s'agit des **issues qui sont dans A ou dans B** (ou les deux). C'est toute la partie colorée (en jaune, bleu, vert) ci-dessus.

- L'**intersection** de A avec B s'écrit **A ∩ B**. C'est l'ensemble des issues de l'expérience qui réalisent à la fois A et B. Il s'agit des **issues qui sont dans A et dans B**. C'est la partie en vert ci-dessus.

- Deux événements A et B sont incompatibles si, et seulement si : $A \cap B = \emptyset$.

- Le **contraire** d'un événement A est noté $\overline{A}$. C'est l'ensemble des issues de l'expérience qui ne réalisent pas A. Il s'agit des **issues qui ne sont pas dans A**. Sur le dessin ci-dessus, c'est tout ce qui n'est ni en jaune ni en vert. Ainsi, $\overline{E} = \emptyset$ et $\overline{\emptyset} = E$.

Exemple : A = {2, 4, 6}, B = {3, 6}, C = {3}, E = {1, 2, 3, 4, 5, 6}.

Alors A, B, C, E, Ø sont des parties de E. Ce sont des événements, avec E pour univers. On écrit $A \subset E$, $B \subset E$,... Le symbole $\subset$ se lit « est inclus dans ».

$A \cup B = A \cup C = \{2, 4, 6, 3\}$,
$A \cap B = \{6\}$, $B \cap C = \{3\}$,
$A \cap C = \emptyset$.
$\overline{A} = \{1, 3, 5\}$ est l'événement réalisé par toute issue impaire dans cette expérience.

Remarque : les propriétés $A \cup \overline{A} = E$ et $A \cap \overline{A} = \emptyset$ sont toujours vraies, quels que soient l'univers et l'événement considérés.

alculs de probabilités

FICHE 34

I Loi de probabilité sur un univers fini

• Définir une **loi de probabilité** sur l'ensemble E des issues, c'est associer à chaque issue x_i un nombre p_i positif ou nul, de telle façon que $p_1 + p_2 + \ldots + p_n = 1$. Ce nombre p_i est appelé **probabilité** de l'issue x_i ou encore de l'événement élémentaire $\{x_i\}$.

Issue	x_i	x_2	…	x_n
Probabilité	p_1	p_2	…	p_n

Exemples

1. On considère qu'un dé est équilibré.
Les issues sont {1, 2, 3, 4, 5, 6}.

$$p_1 = p_2 = \ldots = p_6 = \frac{1}{6}.$$

2. On considère qu'une pièce est équilibrée.
On note {1, 2} l'univers (1 désignant *Face*, par exemple).

$$p_1 = p_2 = \frac{1}{2}.$$

3. On considère un dé truqué à 4 faces de telle sorte que $p_1 = 0{,}1$, $p_2 = 0{,}3$, $p_4 = 0{,}5$. Que vaut p_3 ?
Comme $p_1 + p_2 + p_3 + p_4 = 1$, on a $p_3 = 1 - (p_1 + p_2 + p_4) = 0{,}1$.

• Dans le cas où l'on associe à chacune des n issues x_i d'une expérience aléatoire la même probabilité p, on dit que la loi de probabilité est **équirépartie** ou **uniforme** sur E. Dans ce cas, on a $p_i = p = \frac{1}{n}$; on est en situation d'**équiprobabilité**.

II Probabilité d'un événement

• Soit une loi de probabilité définie sur un univers E. La probabilité d'un événement A est la somme de toutes les probabilités des issues qui le réalisent. On la note $p(A)$.

• Aucun événement ne réalise l'événement impossible donc $p(\emptyset) = 0$.

• L'événement E est réalisé par chaque issue, donc $p(E) = 1$.

• Pour tout événement A, $0 \leqslant p(A) \leqslant 1$.

Exemple : on lance un dé à six faces. On s'intéresse à l'événement A « obtenir un nombre pair » = {2 ; 4 ; 6}. Ainsi : $p(A) = p(\{2\}) + p(\{4\}) + p(\{6\})$.

• Cas 1 : on considère un dé équilibré. Il y a équiprobabilité donc $p(A) = \frac{1}{6} + \frac{1}{6} + \frac{1}{6} = \frac{3}{6} = 0{,}5$. La probabilité de A est 0,5.

• Cas 2 : on considère un dé truqué de la façon suivante :

Issue : face	1	2	3	4	5	6
Probabilité	$\frac{1}{10}$	$\frac{1}{8}$	$\frac{1}{4}$	$\frac{1}{8}$	$\frac{3}{10}$	$\frac{1}{10}$

$p(A) = \frac{1}{8} + \frac{1}{8} + \frac{1}{10} = \frac{7}{20}$

• Dans le cas d'une loi équirépartie sur E, la probabilité d'un événement A est donnée par $p(A) = \frac{\text{Nombre d'issues dans A}}{\text{Nombre d'issues dans E}}$.

III Propriétés des probabilités

• Soient A et B deux événements de E :

$$p(A \cup B) = p(A) + p(B) - p(A \cap B).$$

Cette formule est le **crible de Poincaré**.

• Si A et B sont incompatibles, alors $p(A \cup B) = p(A) + p(B)$.

• $p(A) + p(\bar{A}) = 1$, ce qu'on écrit aussi $p(\bar{A}) = 1 - p(A)$.

Exemple : un lycée compte 456 élèves dont 205 externes. 124 filles sont externes et il y a 258 garçons. On rencontre un élève de ce lycée. On note G l'événement « l'élève est un garçon » et D « l'élève est demi-pensionnaire ». À l'aide d'un tableau à double entrée, calculer la probabilité des événements G, $\bar{G}$, $G \cap D$, $G \cup D$.

	Externes	Demi-pensionnaires	Total
Filles	**124**	74	198
Garçons	81	177	**258**
Total	**205**	251	**456**

On est en situation d'équiprobabilité. Ainsi, $p(G) = \frac{258}{456} = \frac{43}{76}$.

$p(\bar{G}) = 1 - p(G) = 1 - \frac{43}{76} = \frac{33}{76}$; $p(G \cap D) = \frac{177}{456} = \frac{59}{152}$.

$p(G \cup D) = p(G) + p(D) - p(G \cap D) = \frac{258 + 251 - 177}{456} = \frac{83}{114}$.

Probabilités sur un ensemble fini

FICHE 35

TEST-BILAN

→ *Réponses au verso.*

Vrai ou faux ? Cochez les affirmations qui sont vraies.

On lance deux fois un dé équilibré à 6 faces.
A_i = « on obtient 3 au *i*ème lancer. »

1 Langage des événements

a. ☐ L'événement A_2 signifie qu'on a obtenu 3 au 2e lancer.

b. ☐ L'événement A_2 signifie qu'on a obtenu 3 au 2e lancer mais pas au premier.

c. ☐ L'événement $A_1 \cap \overline{A_2}$ signifie qu'on a obtenu 3 au 1er lancer mais pas au deuxième.

d. ☐ L'événement A_3 est certain.

2 Calcul de probabilités

À l'aide d'un tableau à double entrée pour décrire l'expérience, on a :

a. ☐ $p(A_1) = \frac{6}{36} = \frac{1}{6}$

b. ☐ $p(\overline{A_2}) = \frac{30}{36} = \frac{5}{6}$

c. ☐ $p(A_1 \cup \overline{A_2}) = \frac{6+5}{36} = \frac{11}{36}$

d. ☐ $p(A_1 \cap \overline{A_2}) = \frac{5}{36}$

3 Loi de probabilité

Le dé lancé n'est pas équilibré et la probabilité d'obtention de la face *i* est $\frac{i}{21}$.

a. ☐ La somme des probabilités élémentaires vaut bien 1.

b. ☐ La probabilité d'obtenir 3 est $\frac{1}{7}$.

c. ☐ La probabilité d'obtenir un nombre pair est $\frac{1}{2}$.

d. ☐ La probabilité d'obtenir un nombre impair est $\frac{3}{7}$.

4 Utilisation des formules de probabilités

$p(A) = \frac{1}{3}$; $p(B) = 0,25$.

a. ☐ $p(\bar{A}) = \frac{2}{3}$.

b. ☐ $p(A \cup B) = \frac{7}{12}$.

c. ☐ Si A et B sont incompatibles, alors $P(A \cap B) = 0$.

d. ☐ Dans ce cas, $p(A \cup B) = \frac{7}{12}$.

SCHÉMA-BILAN

Calculer la probabilité d'un événement

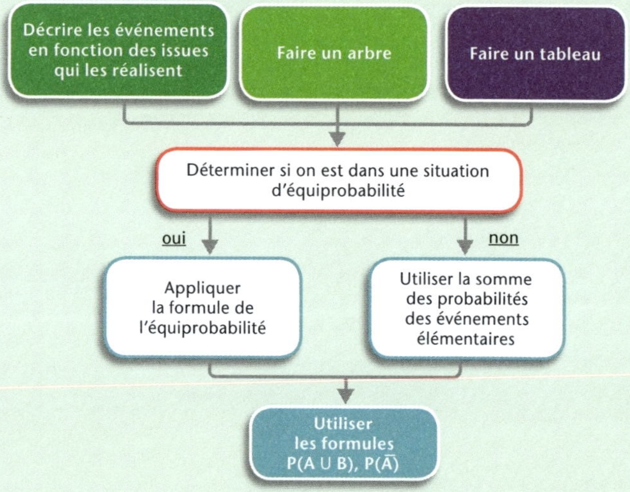

Réponses :

1 **a.** Vrai. **b.** Faux. On ne sait rien du 1er lancer. **c.** Vrai. **d.** Faux. Quand on lance seulement deux fois le dé, l'événement $\overline{A_3}$ est impossible. **2** **a.** Vrai. **b.** Vrai, car il y a 30 cases sur 36 qui réalisent $\overline{A_2}$. **c.** Faux, car il y a 6 cases qui réalisent l'obtention d'un 3 au 1er lancer et 30 qui réalisent la non-obtention au 2e, dont des cases communes ; au total, $A_1 \cup \overline{A_2}$ est réalisé sur 31 cases sur 36. **d.** Vrai. Les résultats (3, 1), (3, 2), (3, 4), (3, 5), (3, 6) réalisent $A_1 \cap \overline{A_2}$ et donc $p(A_1 \cap \overline{A_2}) = \frac{5}{36}$. **3** **a.** Vrai. **b.** Vrai. C'est $\frac{3}{21} = \frac{1}{7}$. **c.** Faux. C'est $\frac{2}{21} + \frac{4}{21} + \frac{6}{21} = \frac{12}{21} = \frac{4}{7}$. **d.** Vrai. **4** **a.** Vrai, car $p(\bar{A}) = 1 - p(A)$. **b.** Faux. $p(A \cup B) = p(A) + p(B) + p(A \cap B)$ et $p(A \cap B)$ n'est pas connue. **c.** Vrai. **d.** Vrai. Il suffit d'additionner $p(A)$ et $p(B)$.

Exercice commenté pas à pas

Interprétation de paramètres statistiques et prévision

Sujet

On étudie le temps d'attente aux caisses d'un magasin. Une étude statistique indique, en minutes :

- moyenne : $m = 4{,}25$
- médiane : Me = 3,35
- $Q_1 = 1{,}5$
- $Q_3 = 7$.

1. Les clients jugent « acceptable » un temps d'attente inférieur ou égal à 4 minutes. Peut-on dire qu'au moins la moitié des clients sont satisfaits ?

2. On souhaite ouvrir une caisse supplémentaire si plus de 20 % des clients attendent 6 minutes ou plus en caisse. Quelle réponse proposez-vous ?

3. Produisez avec Python un échantillon de 100 temps d'attente entiers compris entre 0 et 10 minutes.

4. Peut-on dire que la proportion de temps d'attente inférieure à 7 minutes est 70 % ?

Avant de commencer

▶ Se remémorer la définition des paramètres m, Me, Q_1, Q_3.

▶ Faire le lien entre échantillon et intervalle de fluctuation.

→ Reliez l'expression « au moins la moitié » à la médiane et écrivez une phrase qui explique la valeur de la médiane.

1. Au moins la moitié de l'effectif total est inférieur à la médiane.

→ Concluez.

1. Comme Me = 3,35, au moins 50 % des clients sont satisfaits car $3{,}35 < 4$.

Reliez la question 2 à Q_3.

2. $Q_3 = 5$ donc au moins 75 % des clients attendent moins de 7 minutes. Donc au plus 25 % des clients attendent 7 minutes. Il peut paraître judicieux d'ouvrir une autre caisse.

Il faut connaître la syntaxe de production d'un échantillon. On peut aussi produire un tel échantillon avec la calculatrice.

3. temps = [random.randint(1,10) for i in range(100)]

Calculez la proportion de valeurs inférieures à 7 dans l'échantillon.

4.

```
S = 0
for attente in temps :
        if valeur<= 7 :
          S+= 1
```

Calculez les bornes de l'intervalle de fluctuation et la fréquence S/100 des temps d'attente inférieurs à 7.

$$\left[p - \frac{1}{\sqrt{n}} ; p + \frac{1}{\sqrt{n}}\right] = [0{,}7 - 0{,}1 ; 0{,}7 + 0{,}1] = [0{,}6 ; 0{,}8]$$

Concluez selon que la fréquence S/100 appartient à l'intervalle ou non. Cela dépend des résultats de la simulation.

I Repères du plan

- Un repère du plan est la donnée de trois points (O, I, J) non alignés.
- Le point O est l'origine du repère.
- La droite (OI) est l'axe des abscisses.
- La droite (OJ) est l'axe des ordonnées.
- Soit M un point du plan. La parallèle à (OJ) passant par M coupe l'axe des abscisses en un point A. La parallèle à (OI) passant par M coupe l'axe des ordonnées en un point D. Ces points définissent l'abscisse de M notée x_M et l'ordonnée de M notée y_M.

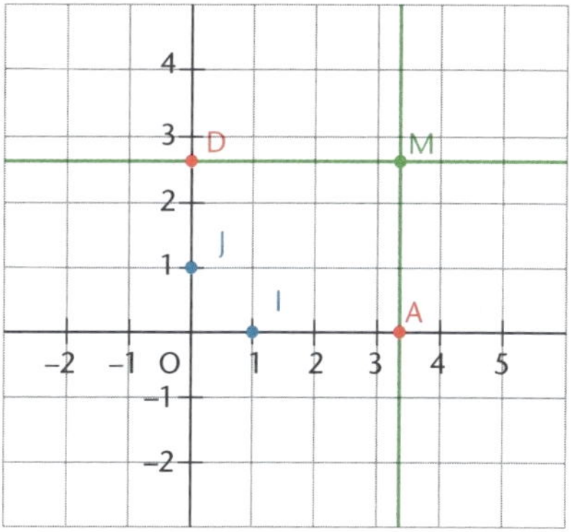

- Tout point du plan possède un unique couple de coordonnées $(x ; y)$.
- L'origine du repère a pour coordonnées (0 ; 0).
- Le point I a pour coordonnées (1 ; 0).
- Le point J a pour coordonnées (0 ; 1).
- Si le triangle OIJ est rectangle en O, alors on dit que le repère est orthogonal.
- De plus, si OI = OJ, alors on dit que le repère est orthonormé ou orthonormal.

Exemple

• On considère un triangle équilatéral ABC. Comme les points A, B, C ne sont pas alignés, on peut rapporter le plan au repère (A, B, C), ce qui permet de déterminer les coordonnées de tout point du plan par rapport à ces points.

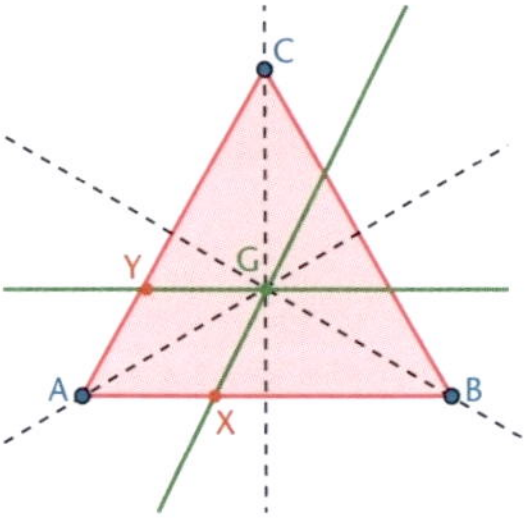

• Ainsi, le point G, intersection des médiatrices du triangle, nommé « centre de gravité du triangle », a pour coordonnées dans ce repère $\left(\frac{1}{3}\,;\,\frac{1}{3}\right)$. A a pour coordonnées (0 ; 0), B(1 ; 0) et C(0 ; 1).

II Milieu d'un segment

On se place dans un repère quelconque du plan. A et B sont deux points et I est le milieu du segment [AB]. Les coordonnées x_I et y_I de I sont obtenus ainsi :

$$x_I = \frac{x_A + x_B}{2} \quad \text{et} \quad y_I = \frac{y_A + y_B}{2}.$$

Exemples

• Dans l'exemple précédent du triangle ABC équilatéral, nommons K le milieu du segment [BC]. On a donc :

$$x_K = \frac{x_B + x_C}{2} = \frac{1+0}{2} = \frac{1}{2} \quad \text{et} \quad y_K = \frac{y_B + y_C}{2} = \frac{0+1}{2} = \frac{1}{2}.$$

• Si on considère la même configuration, mais dans un plan rapporté cette fois-ci à un repère orthonormé d'origine A, tel que B ait pour coordonnées (1 ; 0) et $C\left(\frac{1}{2}\,;\,\frac{\sqrt{3}}{2}\right)$, on peut montrer que le point K a pour coordonnées $\left(\frac{3}{4}\,;\,\frac{\sqrt{3}}{4}\right)$.

Ces résultats peuvent s'obtenir par des calculs trigonométriques.

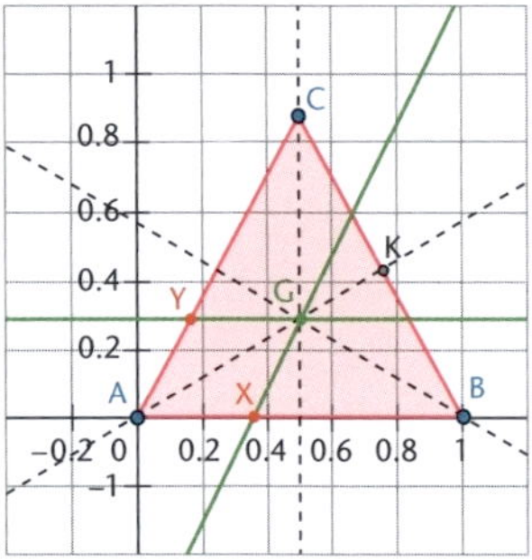

istances dans un repère rthonormal

FICHE 38

I Longueur

Le plan est muni d'une unité de longueur. On se place **dans un repère orthonormé** du plan. Cette hypothèse est essentielle.

A et B sont deux points. On cherche la longueur du segment [AB].

En pratique, dans les calculs, on peut calculer $AB^2 = (x_B - x_A)^2 + (y_B - y_A)^2$ puis prendre la racine carrée du résultat.

$$AB = \sqrt{(x_B - x_A)^2 + (y_B - y_A)^2}$$

Exemple

On se place dans le repère orthonormé pour le triangle ABC précédent. Il est évident qu'on a AB = 1. On vérifie :

$AB = \sqrt{(x_B - x_A)^2 + (y_B - y_A)^2} = \sqrt{(1-0)^2 + (0-0)^2} = \sqrt{1} = 1.$

Par ailleurs, comme le triangle ABC est équilatéral, il est évident qu'on a BC = 1. On vérifie cela :

$$AC = \sqrt{(x_C - x_A)^2 + (y_C - y_A)^2} = \sqrt{\left(\frac{1}{2} - 0\right)^2 + \left(\frac{\sqrt{3}}{2} - 0\right)^2}$$

$$= \sqrt{\frac{1}{4} + \frac{3}{4}} = \sqrt{1} = 1.$$

II En Python

- Pour noter les coordonnées d'un point, on peut utiliser une liste à deux valeurs.
- La syntaxe sera « nomdupoint = [son abscisse, son ordonnée] ».

```
def longueur(A,B) # A et B sont des listes dont les éléments sont les coordon-
nées des points
    return sqrt((B[1]-A[1])^2+(B[2]-A[2])^2)
```

Exemple

On se donne un triangle ABC dont les coordonnées des sommets en repère orthonormé sont A(1 ; 4), B(7 ; 1), C(2 ; –2).

En utilisant la fonction précédemment créée :

```
A=[1,4]
B=[7,1]
C=[2,-2]
print(longueur(A,B))
print(longueur(A,C))
print(longueur(B,C))
```

• On pourrait améliorer le programme en faisant un test afin de déterminer si le triangle est isocèle, équilatéral, rectangle.

III Longueurs et cercle

• Un point M appartient à un cercle de **centre** Ω et de **rayon** $r > 0$ si, et seulement si, $\Omega M = r$.

• Étant donnés deux points A et B d'un cercle de rayon $r > 0$, le segment [AB] est un **diamètre** du cercle si, et seulement si, $AB = 2r$.

• Étant donnés deux points A et B d'un cercle de centre Ω, la médiatrice du segment [AB] passe par le point Ω.

Exemple

On considère un repère (O, I, J) orthonormé du plan.
Soit le cercle $\mathscr{C}$ de centre $\Omega(-2\,;\,1)$ et passant par le point $A(3\,;\,0)$.
Montrons que le point $B(-3\,;\,6)$ appartient à $\mathscr{C}$.

Notons r le rayon du cercle. Alors $r = \Omega A$.

On a donc $r^2 = (x_A - x_\Omega)^2 + (y_A - y_\Omega)^2 = (3-(-2))^2 + (0-1)^2 = 26$.
Ainsi, $r = \sqrt{26}$.
En outre, $\Omega B = (x_B - x_\Omega)^2 + (y_B - y_\Omega)^2 = (-3-(-2))^2 + (6-1)^2 = 26$.
Ainsi $\Omega B = r$ et donc $B \in \mathscr{C}$.

I Équations de droite

- Le plan est muni d'un repère (O, I, J). Toute droite du plan possède des **équations cartésiennes**. C'est une égalité faisant apparaître l'abscisse x d'un point et/ou son ordonnée y. Elle est de la forme $ax + by + c = 0$. Une telle équation peut être déterminée par des vecteurs.
- Un point M du plan de coordonnées $(x ; y)$ appartient donc à la droite si, et seulement si, l'égalité $ax + by + c = 0$ est vérifiée.
- Par conséquent, si $ax + by + c \neq 0$, alors le point n'appartient pas à cette droite.
- Une droite du plan **parallèle à l'axe des ordonnées** possède une équation de la forme $x = c$ où c est une constante réelle. Il s'agit de la valeur commune des abscisses de tous les points de la droite.
- Une droite du plan NON parallèle à l'axe des ordonnées possède une équation, dite **réduite**, de la forme $y = mx + p$. p est un réel appelé **ordonnée à l'origine** de la droite, et m est un réel appelé **coefficient directeur** de la droite.

Exemple

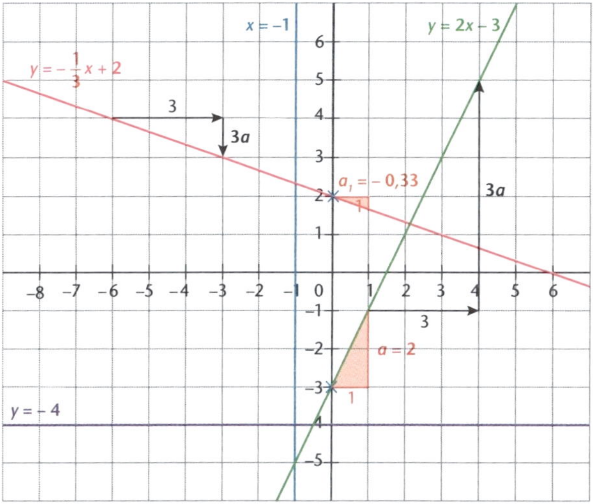

- Si une droite est parallèle à l'axe des ordonnées, elle ne possède ni de coefficient directeur ni d'ordonnée à l'origine.
- Si $A(x_A ; y_A)$ et $B(x_B ; y_B)$ sont deux points tels que $x_A \neq x_B$ alors la droite (AB) n'est pas parallèle à l'axe (OJ).
- Alors la droite a une équation de la forme $y = mx + p$ et on a :

$$m = \frac{y_B - y_A}{x_B - x_A} \text{ et } p = y_A - mx_A = y_B - mx_B.$$

II Droites parallèles

Deux droites du plan, muni d'un repère, sont **parallèles** si : elles sont toutes deux parallèles à l'axe des ordonnées ; ou si elles ont le même coefficient directeur.

III Point d'intersection de deux droites

Deux droites D_1 et D_2 du plan sont **sécantes** si elles ne sont pas parallèles. Elles possèdent alors un unique point d'intersection dont les coordonnées vérifient les deux équations.

Exemples

- Cas 1 : $D_1 : x = -2$, $D_2 : y = \frac{1}{5}x - 4$.

Le couple des coordonnées du point d'intersection A est solution du système $\begin{cases} x = -2 \\ y = \frac{1}{5}x - 4 \end{cases}$.

Si $x = -2$, alors $y = \frac{1}{5}(-2) - 4 = -\frac{22}{5}$.

Les coordonnées de A sont $\left(-2 ; -\frac{22}{5}\right)$.

- Cas 2 : $D_1 : y = -2x + 3$ $\quad D_2 : y = \frac{1}{5}x - 4$.

Les coordonnées $(x ; y)$ du point d'intersection B sont solutions de $\begin{cases} y = -2x + 3 \\ y = \frac{1}{5}x - 4 \end{cases}$. On résout $-2x + 3 = \frac{1}{5}x - 4$ et on trouve $x = \frac{35}{11}$, d'où $y = \frac{37}{11}$.

Géométrie repérée

TEST-BILAN

→ *Réponses au verso.*

Vrai ou faux ? Cochez les affirmations qui sont vraies.

Le plan est muni d'un repère orthonormé. On considère le triangle ABC tel que A(0 ; 0), B(1 ; 0), C$\left(\frac{1}{2} ; 1\right)$.

1 Longueur

a. ☐ La longueur AC vaut $\frac{\sqrt{5}}{2}$.

b. ☐ Le triangle ABC est isocèle en C.

c. ☐ Le triangle ABC est équilatéral.

d. ☐ Le triangle ABC est rectangle.

2 Milieu

a. ☐ Le milieu du segment [AB] a pour coordonnées $\left(\frac{1}{2} ; 0\right)$.

b. ☐ Le milieu du segment [AC] a pour coordonnées $\left(\frac{1}{4} ; \frac{1}{2}\right)$.

c. ☐ Le symétrique A′ de A par rapport à C a pour coordonnées (1 ; 2).

d. ☐ Si B′ est le symétrique de B par rapport à C, alors le quadrilatère ABA′B′ est un rectangle.

Le plan est muni d'un repère quelconque.

3 Équation de droites – Le point de coordonnées (1 ; 3) appartient à la droite d'équation :

a. ☐ $y = 3x - 3$

b. ☐ $y = 5x - 2$

c. ☐ $y = 1$

d. ☐ $x = 1$

❹ Intersection de droites

a. ☐ Les droites d'équation $y = 2x - 3$ et $y = 2x + 1$ sont sécantes.

b. ☐ La droite (AB) avec A(1 ; 2) et B(4 ; –1) et la droite d'équation $y = 2x - 1$ sont sécantes.

c. ☐ Leur point d'intersection a pour coordonnées $\left(\frac{4}{3} ; \frac{5}{3}\right)$.

d. ☐ La droite d'équation $x = -1$ est perpendiculaire à la droite d'équation $y = 2$.

SCHÉMA-BILAN

Détermination d'une équation de droite

On connaît deux points A et B et leurs coordonnées.

Si $x_B = x_A$ → $x = x_A$

Si $x_B \neq x_A$ → On calcule le coefficient directeur $m = \dfrac{y_B - y_A}{x_B - x_A}$ → On calcule l'ordonnée à l'origine $p = y_A - ax_A$ → On résout $mx + p = m'x + p'$ pour déterminer l'abscisse du point d'intersection des droites d'équation $y = mx + p$ et $y = m'x + p'$ si $m \neq m'$

Réponses :

❶ **a.** Vrai. $AC = \sqrt{(x_C - x_A)^2 + (y_C - y_A)^2} = \sqrt{\left(\frac{1}{2} - 0\right)^2 + (1-0)^2} = \sqrt{\frac{5}{4}} = \frac{\sqrt{5}}{2}$.

b. Vrai. On calcule BC et BC = AC. **c.** Faux AB ≠ BC. **d.** Faux. Le plus grand côté est BC et on ne peut avoir un triangle isocèle avec ce côté. ❷ **a.** Vrai. **b.** Vrai. **c.** Vrai, car C est le milieu de [AA']. **c.** Vrai, car C est le milieu des diagonales et on peut prouver par la réciproque du théorème de Pythagore que (AB) ⊥ (AB'). ❸ **a.** Vrai, car $3 \neq 3 \times 1 - 3$. **b.** Vrai, car $3 = 5 \times 1 - 2$. **c.** Faux. $y \neq 1$.

d. Vrai. ❹ **a.** Faux. Elles ont même coefficient directeur donc elles sont parallèles. Comme l'ordonnée à l'origine est différente, les droites ne sont pas confondues. **b.** Vrai. La droite (AB) a pour coefficient directeur $m = \frac{y_B - y_A}{x_B - x_A} = \frac{-1-2}{4-1} = -\frac{3}{3} = -1 \neq 2$. **c.** Vrai. On résout l'équation de (AB) : $2x - 1 = 3 - x$. **d.** Faux, sauf si le repère est orthogonal.

I Les différents triangles

La somme des angles d'un triangle est égale à 180°.

1. Triangle isocèle

Un triangle est isocèle si, et seulement si :

- il possède deux côtés de même longueur

ou

- il possède deux angles de même mesure

ou

- l'une de ses médiatrices est également médiane, hauteur, bissectrice

ou

- il est symétrique par rapport à l'une de ses hauteurs

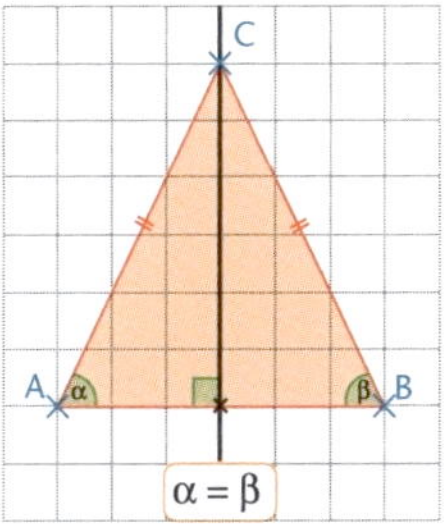

2. Symétrie axiale

On se donne une droite $\mathscr{D}$. Le symétrique d'un point quelconque M du plan par rapport à $\mathscr{D}$ est le point M′ tel que :

- si $M \in \mathscr{D}$, alors $M' = M$: l'axe est invariant par la symétrie axiale ;
- si $M \notin \mathscr{D}$, alors $[MM'] \perp \mathscr{D}$, et le milieu de [MM′] appartient à $\mathscr{D}$.

Autrement dit, $\mathscr{D}$ est la médiatrice de [MM′].

3. Triangle équilatéral

Un triangle est équilatéral si, et seulement si :

- il possède trois côtés de même longueur

ou

- il possède trois angles de même mesure : 60°

ou

- chacune de ses médiatrices est également médiane, hauteur, bissectrice

ou

- il est symétrique par rapport à chacune de ses hauteurs

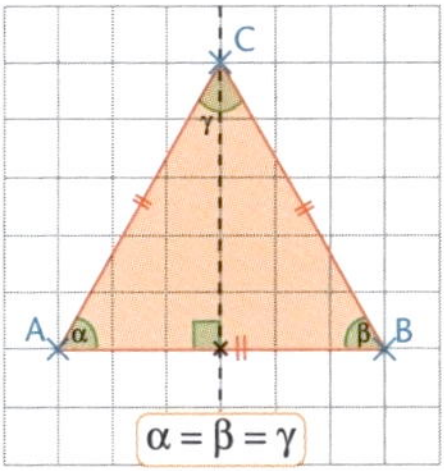

4. Triangle rectangle

Un triangle est rectangle **si l'un de ses angles est droit**. Ses autres angles sont aigus.

II Points et droites remarquables du triangle

Une **hauteur** est issue d'un sommet et est perpendiculaire au côté opposé. Une **médiane** est issue d'un sommet et passe par le milieu du côté opposé. Une **médiatrice** est une droite qui coupe un côté perpendiculairement en son milieu.	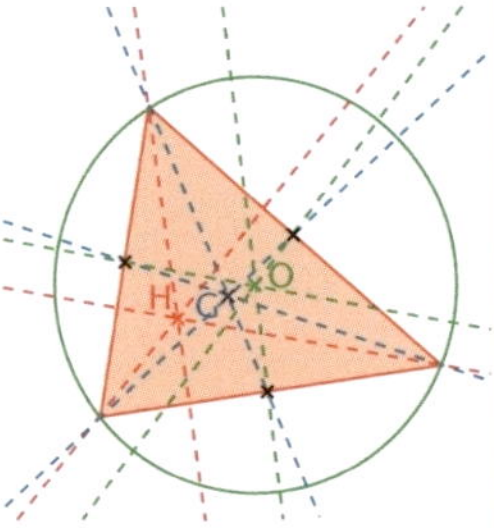	Les **hauteurs** du triangle sont concourantes en un point **H** nommé l'**orthocentre** du triangle. Les **médianes** du triangle sont concourantes en un point **G** nommé le **centre de gravité** du triangle. Les **médiatrices** du triangle sont concourantes en un point **O** nommé le **centre du cercle circonscrit** du triangle.
Une **bissectrice** est une droite qui coupe un angle du triangle en deux angles égaux.	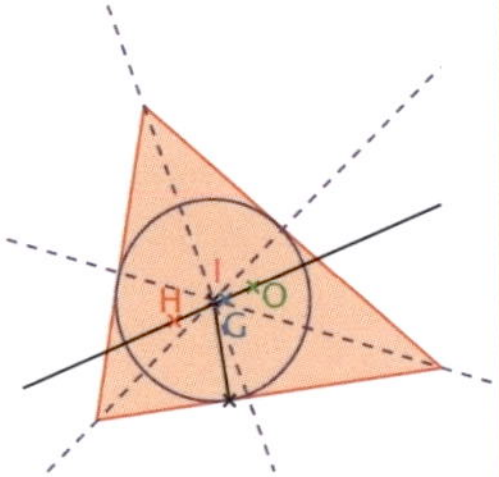	Les **bissectrices** du triangle sont concourantes en un point **I** nommé le **centre du cercle inscrit** du triangle. Les points **G**, **H**, **O** **sont alignés** sur la droite d'Euler.

III Théorème de Pythagore et sa réciproque

- **Théorème direct**

Si ABC est un triangle rectangle en A, alors $BC^2 = AB^2 + AC^2$.

- **Théorème réciproque**

Si, dans un triangle ABC, on a $BC^2 = AB^2 + AC^2$, alors le triangle ABC est rectangle en A.

Quadrilatères et cercles

FICHE 42

I Quadrilatères

1. Symétrie centrale

On se donne un point S. Le **symétrique** d'un point quelconque M du plan par rapport à S est le point M′ tel que :

- si M = S, alors M′ = M : le point S est invariant par la symétrie centrale ; on l'appelle le **centre** ;
- si M ≠ S, alors S est le milieu du segment [MM′].

2. Parallélogramme

Un quadrilatère est un parallélogramme si, et seulement si :

- ses côtés opposés sont parallèles

ou

- ses diagonales se coupent en leur milieu

ou

- ses côtés opposés sont de même longueur deux à deux

ou

- ses angles opposés sont égaux

ou

- ses angles consécutifs sont supplémentaires : de somme 180°

ou

- les vecteurs des côtés opposés dans le même sens sont égaux : AB = DC ou AD = BC

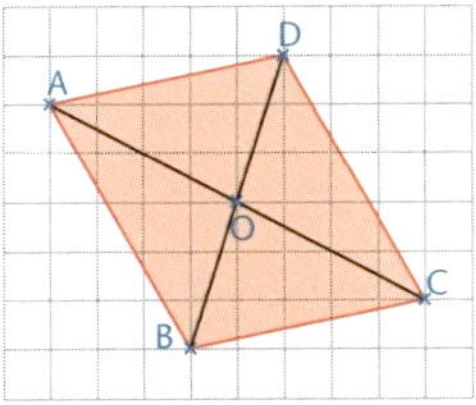

3. Parallélogramme rectangle

Un parallélogramme est un rectangle si, et seulement si :

- il possède un angle droit
- ou
- ses diagonales sont de même longueur

4. Parallélogramme losange

Un parallélogramme est un losange si, et seulement si :

- ses côtés sont de même longueur
- ou
- ses diagonales sont perpendiculaires

5. Parallélogramme carré

Un parallélogramme est un carré si, et seulement si, c'est **à la fois un rectangle et un losange**.

II Cercles

- Un **cercle** de centre Ω et de rayon *r* est l'ensemble des points du plan distants de Ω de la distance *r*.
- Un **diamètre** d'un cercle est un segment [MM′] avec M et M′ sur le cercle et Ω milieu de ce segment.
- Si un triangle est rectangle, alors son hypoténuse est un diamètre de son cercle circonscrit. Autrement dit, le milieu de l'hypoténuse est le centre du cercle circonscrit.
- **Réciproquement**, si un des côtés du triangle est un diamètre de son cercle circonscrit, alors le triangle est rectangle et le côté formant le diamètre est l'hypoténuse.
- La **tangente** à un cercle en un de ses points M est une droite passant par M et perpendiculaire au rayon [ΩM].

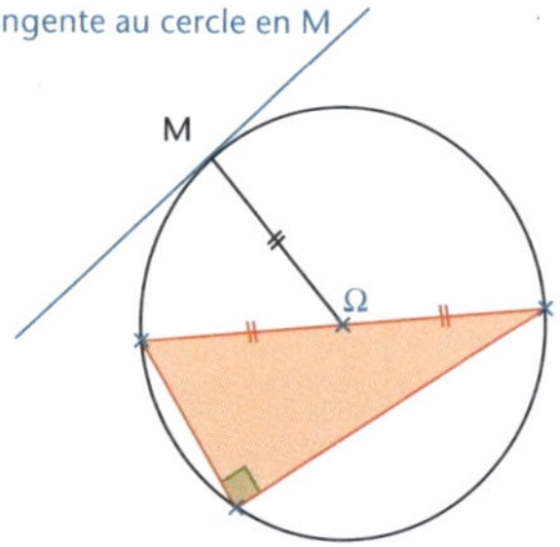

Configurations planes

FICHE 43

TEST-BILAN

→ *Réponses au verso.*

Vrai ou faux ? Cochez les affirmations qui sont vraies.

1 Triangles

a. ☐ Un triangle peut être équilatéral et rectangle.

b. ☐ Un triangle peut être isocèle et rectangle.

c. ☐ Si un triangle possède deux angles égaux à 45°, alors il est rectangle.

d. ☐ Si un triangle est isocèle, alors un sommet, l'orthocentre et le centre du cercle circonscrit sont alignés.

2 Quadrilatères

a. ☐ ABC est un triangle isocèle en A. D est le symétrique de B par rapport à A. Alors le triangle BCD est un triangle rectangle.

b. ☐ ABCD est un parallélogramme de centre O. Les points E et F sont les milieux respectifs des segments [AD] et [AB]. Les droites (AC) et (BE) sont sécantes en K. Alors les points D, K, F sont alignés.

c. ☐ Si l'on joint les milieux des côtés consécutifs d'un quadrilatère, on obtient un rectangle.

d. ☐ On se place dans un parallélogramme. Les points I, J, K et L sont les points d'intersection des droites perpendiculaires aux diagonales issues des sommets. Alors IJKL est un parallélogramme.

3 Cercles

a. ☐ [AB] et [CD] sont deux diamètres quelconques et distincts d'un cercle $\mathscr{C}$. Alors ABCD est un carré.

b. ☐ $\mathscr{C}$ et $\mathscr{C}'$ sont deux cercles de même rayon et de centres respectifs O et O'. Ces deux cercles sont sécants en deux points distincts A et B. Alors les droites (OO') et (AB) sont perpendiculaires.

c. ☐ On considère la figure ci-contre. Les droites (DE), (CE) et (DC) sont tangentes au cercle. AB = 2, AD = 1, en unités de longueur.

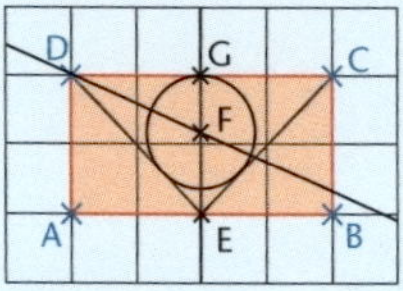

d. ☐ La droite (DF) est la médiane issue de D dans DCE.

e. ☐ L'aire du disque est $\pi(3 - 2\sqrt{2})$ unités d'aire.

SCHÉMA-BILAN

Reconnaître la nature d'un quadrilatère

D est le nombre d'angles droits démontrés, C est le nombre de côtés de même longueur démontrés.

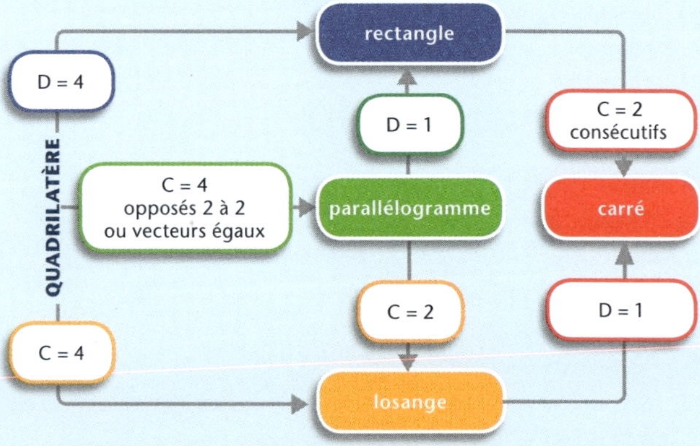

On peut aussi utiliser les propriétés des diagonales (se coupent en leur milieu, de même longueur, perpendiculaires).

Réponses :

1 **a.** Faux. Tous les angles d'un triangle équilatéral mesurent 60°. **b.** Vrai. Il suffit qu'il soit isocèle en l'angle droit ; les deux autres angles mesurent alors 45°. **c.** Vrai, car 180 – 45 – 45 = 90. **d.** Vrai. L'orthocentre et le centre du cercle circonscrit sont alignés avec le sommet en lequel le triangle est isocèle. **2** **a.** Vrai. Comme ABC est isocèle en A, on a AB = AC. D est le symétrique de B par rapport à A, donc AB = AD. Ainsi, les points B, C et D sont sur un même cercle de centre A et A est le milieu de [AD], qui est donc un diamètre. Alors le triangle BCD est un triangle rectangle. **b.** Vrai. Le point K est le centre de gravité de ABD. **c.** Faux. Ce n'est qu'un parallélogramme. **d.** Vrai, à condition de prendre les points dans le bon sens. **3** **a.** Faux. C'est un rectangle. **b.** Vrai. La droite (OO') est la médiatrice de [AB]. **c.** Vrai. **d.** Faux. La droite (DF) est la bissectrice issue de D dans DCE car le cercle est inscrit dans ce triangle. **e.** Vrai. Le rayon du cercle est $\left(\sqrt{2} - 1\right)$.

ranslations, vecteurs t coordonnées

FICHE 44

I Notion de vecteur

- A et B sont deux points du plan. La **translation de vecteur $\overrightarrow{AB}$** transforme tout point M en un point M′ tel que les segments [AM′] et [MB] ont le même milieu. On pourra écrire :
« Par la translation de vecteur $\overrightarrow{AB}$:
  $A \mapsto B$
  $M \mapsto M'$ tel que [AM′] et [MB] ont le même milieu. »
- **Méthode :** on cherche le milieu I de [BM], on place M′ sur [AI) pour que I soit le milieu de [AM′].

Si A, B et M ne sont **pas alignés**, alors M′ est tel que ABM′M est un **parallélogramme**.	Si A, B et M sont **alignés**, alors le quadrilatère ABM′M est un **parallélogramme aplati**.
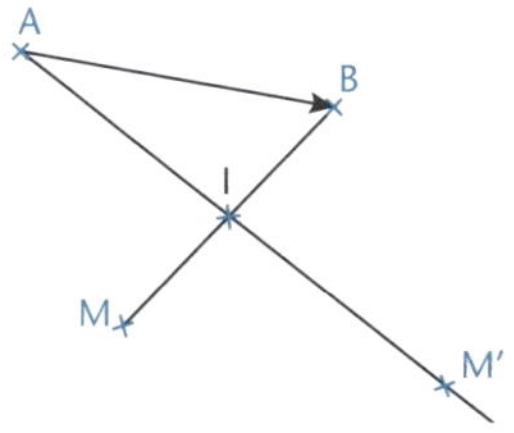	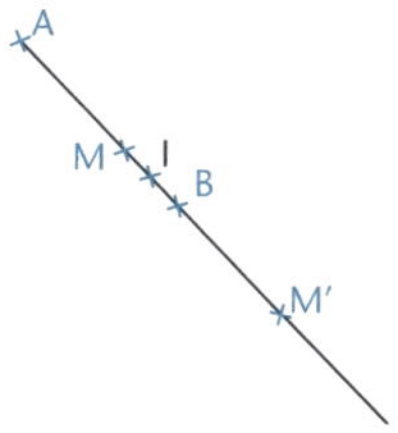

- Un vecteur $\overrightarrow{AB}$ se représente par une **flèche** d'origine le point A vers le point B.
- M′ est l'**image** de M par la translation de vecteur $\overrightarrow{AB}$.
- L'image de A par la translation de vecteur $\overrightarrow{AB}$ est le point B.

II Vecteurs égaux

- A, B, C, D sont quatre points du plan. Si l'image de C par la translation de vecteur $\overrightarrow{AB}$ est le point D, alors on dit que les vecteurs $\overrightarrow{AB}$ et $\overrightarrow{CD}$ sont égaux et on note $\overrightarrow{AB} = \overrightarrow{CD}$.
- Les vecteurs $\overrightarrow{AB}$ et $\overrightarrow{CD}$ sont appelés des **représentants** d'un même vecteur, que l'on pourra noter plus généralement $\vec{u}$ (ou $\vec{v}$ ou $\vec{w}$, etc.).
- Des vecteurs égaux sont représentés par des flèches parallèles, orientées dans le même sens et de même longueur.

Attention : il y a inversion des points C et D.

• Deux vecteurs $\overrightarrow{AB}$ et $\overrightarrow{CD}$ sont égaux si, et seulement si, le quadrilatère ABDC est un parallélogramme, éventuellement aplati.

III Vecteurs particuliers

• Le **vecteur nul** $\vec{0}$ est le vecteur de la translation de vecteur $\overrightarrow{AA}$.

• Le **vecteur opposé à** $\overrightarrow{AB}$ est le vecteur $\overrightarrow{BA}$.

Exemple : dans l'hexagone régulier ABCDEF de centre O :
- les vecteurs $\overrightarrow{AB}$, $\overrightarrow{OC}$ et $\overrightarrow{ED}$ sont égaux ;
- les vecteurs $\overrightarrow{EO}$ et $\overrightarrow{AF}$ sont opposés ;
- les vecteurs $\overrightarrow{AA}$, $\overrightarrow{OO}$ et $\overrightarrow{EE}$ sont des représentants du vecteur nul.

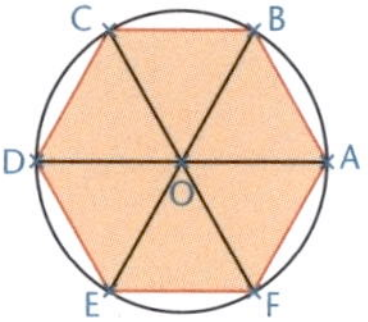

IV Vecteurs et coordonnées

• Le plan est muni d'un repère (O, I, J). Par commodité, on note $\overrightarrow{OI} = \vec{i}$ et $\overrightarrow{OJ} = \vec{j}$. Ainsi, le repère (O, I, J) se note aussi $(O, \vec{i}, \vec{j})$.

• On dit que $(\vec{i}, \vec{j})$ est une **base** des vecteurs du plan. Si le triangle OIJ est rectangle isocèle en O, on parle de **base orthonormée**.

• On considère les points $A(x_A ; y_A)$ et $B(x_B ; y_B)$. Les coordonnées du vecteur $\overrightarrow{AB}$ sont données par $x_{\overrightarrow{AB}} = x_B - x_A$ et $y_{\overrightarrow{AB}} = y_B - y_A$.
On note :

$$\overrightarrow{AB}\begin{pmatrix} x_B - x_A \\ y_B - y_A \end{pmatrix}.$$

Exemple : dans un repère $(O, \vec{i}, \vec{j})$, on considère deux points F(2 ; –3) et T(–1 ; –1). On a les coordonnées :
$\vec{0}$ (0 ; 0) et $\overrightarrow{FT}$ (–3 ; 2).

• Deux vecteurs sont **égaux** si, et seulement si, ils ont les **mêmes coordonnées** dans un repère.

• On suppose le plan muni d'une unité de longueur. Si $\vec{u} = \overrightarrow{AB}$, on appelle **norme du vecteur** $\vec{u}$ la longueur AB. Elle se note $\|\vec{u}\|$.

• Si la base $(\vec{i}, \vec{j})$ est **orthonormée**, alors le vecteur $\vec{u}$ de coordonnées (x, y) a pour norme :

$$\|\vec{u}\| = AB = \sqrt{x^2 + y^2} = \sqrt{(x_B - x_A)^2 + (y_B - y_A)^2}$$

pérations sur les vecteurs
t colinéarité

FICHE **45**

1. Addition de deux vecteurs

• Si, par la translation de vecteur $\vec{u}$, M $\mapsto$ M′, puis, par la translation de vecteur $\vec{v}$, M′ $\mapsto$ M″, alors M″ est l'image de M par une nouvelle translation. Le vecteur de cette nouvelle translation est le vecteur « **somme de $\vec{u}$ et de $\vec{v}$** », noté $\vec{u}+\vec{v}$.

Exemple

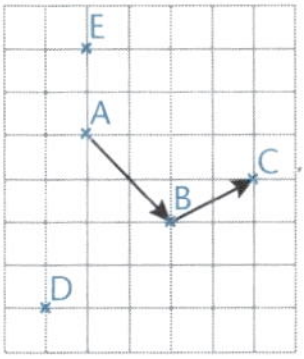

On donne les points A, B, C et D.
Par la translation de vecteur $\overrightarrow{AB}$, A $\mapsto$ B,
puis, par la translation de vecteur $\overrightarrow{BC}$, B $\mapsto$ C,
donc le vecteur $\overrightarrow{AC}$ est égal au vecteur
$\overrightarrow{AB}+\overrightarrow{BC}$.

• Dans un repère $(O, \vec{i}, \vec{j})$, on considère $\vec{u}\begin{pmatrix}x\\y\end{pmatrix}$ et $\vec{v}\begin{pmatrix}x'\\y'\end{pmatrix}$. Le vecteur « somme de $\vec{u}$ et de $\vec{v}$ » est le vecteur noté $\vec{u}+\vec{v}$ de coordonnées $\begin{pmatrix}x+x'\\y+y'\end{pmatrix}$. Pour tous vecteurs $\vec{u}$ et $\vec{v}$ du plan, $\vec{u}+\vec{v}=\vec{v}+\vec{u}$ et $\vec{u}+\vec{0}=\vec{u}$.

• **La relation de Chasles** : A, B et C sont trois points du plan. Alors :

$$\overrightarrow{AB}+\overrightarrow{BC}=\overrightarrow{AC}.$$

2. Produit d'un vecteur par un réel

On se donne un vecteur $\vec{u}\begin{pmatrix}x\\y\end{pmatrix}$ dans un repère $(O, \vec{i}, \vec{j})$ et un réel k.

Le vecteur $k\vec{u}$ est le vecteur dont les coordonnées sont $\begin{pmatrix}kx\\ky\end{pmatrix}$. Quel que soit le repère, on obtient le même vecteur. Le vecteur $(-1)\vec{u}$ est l'opposé du vecteur $\vec{u}$. Le vecteur $0\vec{u}$ est le vecteur nul $\vec{0}$.

3. Vecteurs colinéaires

• Étant donnée une base $(\vec{i}, \vec{j})$ des vecteurs du plan, on appelle **déterminant** des vecteurs $\vec{u}\begin{pmatrix}x\\y\end{pmatrix}$ et $\vec{v}\begin{pmatrix}x'\\y'\end{pmatrix}$, noté , le nombre réel $xy'-x'y$.

• Des vecteurs sont colinéaires si, et seulement si, ils ont la **même direction**.

• Tout vecteur non nul colinéaire à $\overrightarrow{AB}$ est un vecteur **directeur** de la droite (AB).

$\vec{u}$ et $\vec{v}$ sont colinéaires si, et seulement si, $\det(\vec{u} ; \vec{v}) = 0$.

• $\vec{u}$ et $\vec{v}$ sont colinéaires si, et seulement si :
  - ou bien $\vec{u}$ est le vecteur nul ;
  - ou bien il existe un réel k tel que $\vec{v} = k\vec{u}$.

• Deux droites **(AB) et (CD) sont parallèles** si, et seulement si, les vecteurs $\overrightarrow{AB}$ et $\overrightarrow{CD}$ sont colinéaires.

• Des points **A, B et C sont alignés** si, et seulement si, les vecteurs $\overrightarrow{AB}$ et $\overrightarrow{AC}$ (par exemple) sont colinéaires.

Exemple

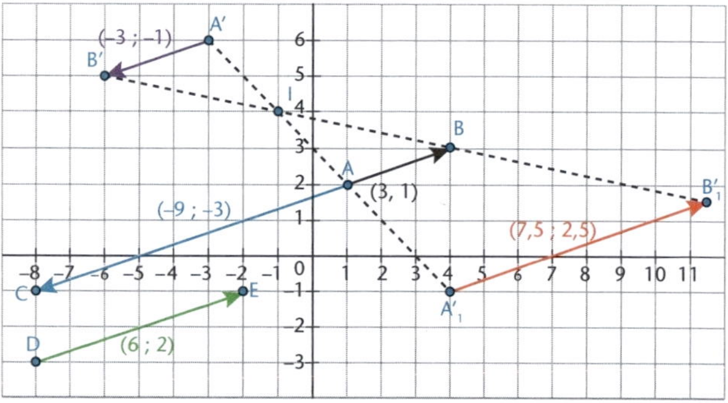

• Les vecteurs $\overrightarrow{AB}$ et $\overrightarrow{AC}$ sont colinéaires car leurs coordonnées (3 ; 1) et (–9 ; –3) sont proportionnelles.

En outre, $\det(\overrightarrow{AB}, \overrightarrow{AC}) = x_{\overrightarrow{AB}}\, y_{\overrightarrow{AC}} - y_{\overrightarrow{AB}}\, x_{\overrightarrow{AC}} = -9 - (-9) = 0$.

Donc A, B et C sont alignés.

• Les vecteurs $\overrightarrow{AB}$ et $\overrightarrow{DE}$ sont colinéaires car leurs coordonnées $\begin{pmatrix} 3 \\ 1 \end{pmatrix}$ et $\begin{pmatrix} 6 \\ 2 \end{pmatrix}$ sont proportionnelles.

En outre, $\det(\overrightarrow{AB}, \overrightarrow{DE}) = x_{\overrightarrow{AB}}\, y_{\overrightarrow{DE}} - y_{\overrightarrow{AB}}\, x_{\overrightarrow{DE}} = 6 - 6 = 0$. Les droites (AB) et (DE) sont parallèles.

De plus, il est évident que $\begin{pmatrix} 6 \\ 2 \end{pmatrix} = 2\begin{pmatrix} 3 \\ 1 \end{pmatrix}$. Donc $\overrightarrow{DE} = 2\overrightarrow{AB}$.

Vecteurs du plan

FICHE 46

TEST-BILAN

→ *Réponses au verso.*

Vrai ou faux ? Cochez les affirmations qui sont vraies.

1 Transformations – ABCD est un parallélogramme.

a. ☐ La translation qui transforme A en B envoie C sur D.

b. ☐ $\overrightarrow{AB} = \overrightarrow{CD}$.

c. ☐ On considère un point E. Les symétriques de C et D par rapport à E sont respectivement I et J. Alors ABJI est un parallélogramme.

d. ☐ On considère un point E. Les images de C et D par l'homothétie de centre E et de rapport 2 sont respectivement K et L. Alors CDLK est un parallélogramme.

2 Coordonnées – On se place dans un repère $\left(O, \vec{i}, \vec{j}\right)$.

a. ☐ Si A(2 ; 1) et B(1 ; 4), alors $\overrightarrow{AB}\begin{pmatrix}-1\\3\end{pmatrix}$.

b. ☐ Si, de plus, C(0 ; –1), alors le point D tel que ABCD est un parallélogramme a pour coordonnées (0 ; –3).

c. ☐ On pose $\vec{u} = 2\overrightarrow{AB} - \overrightarrow{AC}$. Alors $\vec{u}$ a pour coordonnées $\begin{pmatrix}1\\7\end{pmatrix}$.

d. ☐ L'image du point A par la translation de vecteur $\vec{u}$ a donc pour coordonnées (–1 ; 6).

3 Relation de Chasles

a. ☐ $\overrightarrow{LB} + \overrightarrow{BD} = \overrightarrow{LD}$

b. ☐ $\overrightarrow{AB} + \overrightarrow{BC} = \overrightarrow{DE}$

c. ☐ $\overrightarrow{IJ} + \overrightarrow{JK} + 2\overrightarrow{KD} + \overrightarrow{DK} + \overrightarrow{DI} = \vec{0}$

d. ☐ $\overrightarrow{AB} + \overrightarrow{BC} - \overrightarrow{CA} = \vec{0}$

4 Colinéarité

a. ☐ Les vecteurs $\vec{u}(2 ; -3)$ et $\vec{v}(-1 ; 3/2)$ sont colinéaires.

b. ☐ Les points A(0 ; 1), B(–1 ; 2), C(–4 ; 5) sont alignés.

c. ☐ D(4 ; 1) et E(3 ; 3) ; les droites (AB) et (DE) sont parallèles.

d. ☐ La droite (DB) a pour équation cartésienne $x + 5y - 9 = 0$.

SCHÉMA-BILAN

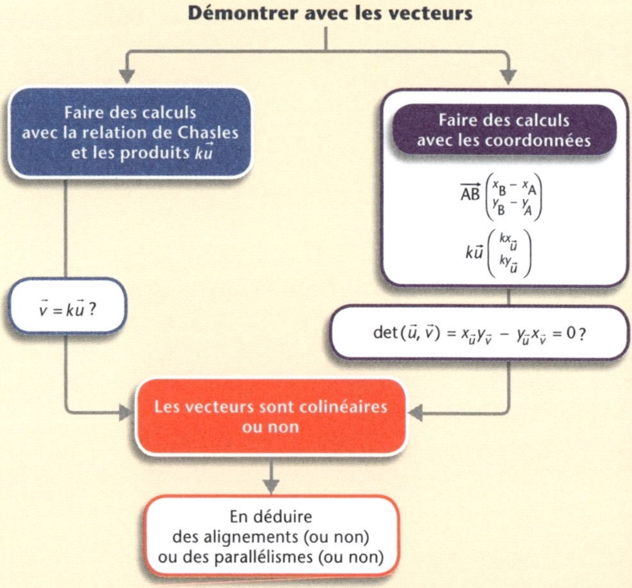

Réponses :

1 **a.** Faux. Elle envoie D sur C. **b.** Faux. $\overrightarrow{AB} = \overrightarrow{DC}$. **c.** Vrai. $\overrightarrow{AB} = \overrightarrow{DC}$, $\overrightarrow{DC} = \overrightarrow{IJ}$, donc $\overrightarrow{AB} = \overrightarrow{IJ}$. **d.** Faux. $\overrightarrow{KL} = 2\overrightarrow{CD}$. **2** **a.** Vrai. **b.** Faux. $\overrightarrow{CD}\begin{pmatrix} 0 \\ -2 \end{pmatrix} \neq \overrightarrow{BA}$. **c.** Vrai. $2\overrightarrow{AB}\begin{pmatrix} -2 \\ 6 \end{pmatrix}; -\overrightarrow{AC} = \overrightarrow{CA}\begin{pmatrix} 3 \\ 1 \end{pmatrix}$. **d.** Faux. $x_A + x_{\vec{u}} = 2 + 1 = 3$; $y_A + y_{\vec{u}} = 1 + 7 = 8$.
3 **a.** Vrai. **b.** Faux. On a aucune information sur les points. **c.** Vrai. $\overrightarrow{IJ} + \overrightarrow{JK} + 2\overrightarrow{KD} + \overrightarrow{DK} + \overrightarrow{DI} = \overrightarrow{IJ} + \overrightarrow{JK} + \overrightarrow{KD} + \overrightarrow{KD} + \overrightarrow{DK} + \overrightarrow{DI} = \overrightarrow{II} = \vec{0}$.
d. Faux. $\overrightarrow{AB} + \overrightarrow{BC} - \overrightarrow{CA} = \overrightarrow{AB} + \overrightarrow{BC} + \overrightarrow{AC} = \overrightarrow{AC} + \overrightarrow{AC} = 2\overrightarrow{AC}$. **4** **a.** Vrai. $x_{\vec{u}}y_{\vec{v}} = y_{\vec{u}}x_{\vec{v}} = 0$ ou $\vec{u} = -2\vec{v}$. **b.** Vrai, $\overrightarrow{AB}\begin{pmatrix} -1 \\ 1 \end{pmatrix}$, $\overrightarrow{AC}\begin{pmatrix} -4 \\ 4 \end{pmatrix}$, donc $x_{\overrightarrow{AB}}y_{\overrightarrow{AC}} = y_{\overrightarrow{AB}}x_{\overrightarrow{AC}} = 0$ ou $\overrightarrow{AC} = 4\overrightarrow{AB}$. **c.** Faux. $\overrightarrow{DE}\begin{pmatrix} -1 \\ 2 \end{pmatrix}$, $\det(\overrightarrow{AC}, \overrightarrow{DE}) \neq 0$. **d.** Vrai, Il suffit de vérifier que les coordonnées des points B et D vérifient l'équation. Sinon :
$M(x\,;y) \in BD \Leftrightarrow \det(\overrightarrow{DM}, \overrightarrow{DB}) = 0 \Leftrightarrow x_{DM}y_{DB} - y_{DM}x_{DB} = 0$
$\Leftrightarrow (x - 4) \times 1 - (y - 1)(-5) = 0 \Leftrightarrow x + 5y - 9 = 0$

nus et cosinus d'un réel

I Projeté orthogonal

Le projeté orthogonal d'un point M sur une droite (AB) est l'unique point H de (AB) tel que (MH) ⊥ (AB).

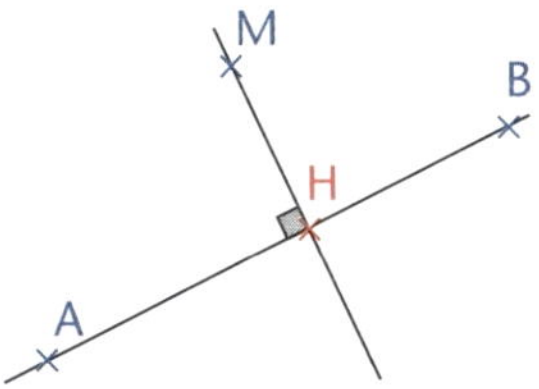

Le projeté orthogonal du point M sur la droite (AC) est le point de (AB) le plus proche de M.

II Définition

- x est un réel tel que $(\vec{i}\,;\overrightarrow{OM}) = x$ pour M sur le cercle trigonométrique dans le repère orthonormé $(O, \vec{i}, \vec{j})$.
- Le nombre cosinus de x, noté $\cos(x)$, est l'abscisse de M.
- Le nombre sinus de x, noté $\sin(x)$, est l'ordonnée de M.

III Valeurs remarquables

x	0	$\frac{\pi}{6}$	$\frac{\pi}{4}$	$\frac{\pi}{3}$	$\frac{\pi}{2}$
$\cos x$	1	$\frac{\sqrt{3}}{2}$	$\frac{\sqrt{2}}{2}$	$\frac{1}{2}$	0
$\sin x$	0	$\frac{1}{2}$	$\frac{\sqrt{2}}{2}$	$\frac{\sqrt{3}}{2}$	1
Angle $\widehat{IOM}$ correspondant	0°	30°	45°	60°	90°

IV Propriétés

Pour tout réel x et pour tout entier relatif k

- $-1 \leqslant \cos x \leqslant 1$
- $\cos(x + 2k\pi) = \cos x$
- $\cos^2 x + \sin^2 x = 1$
- $-1 \leqslant \sin x \leqslant 1$
- $\sin(x + 2k\pi) = \sin x$

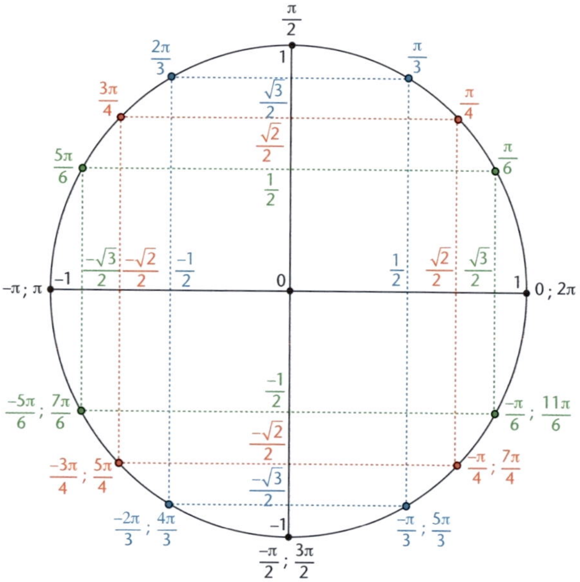

Trigonométrie

FICHE 48

TEST-BILAN

→ *Réponses au verso.*

Vrai ou faux ? Cochez les affirmations qui sont vraies.

On considère un cercle trigonométrique dans un repère $(O, \vec{i}, \vec{j})$ orthonormé.

1 Placement de points

a. ☐ Les nombres $\frac{\pi}{3}$ et $-\frac{\pi}{3}$ correspondent aux mêmes points.

b. ☐ Les nombres $\frac{\pi}{3}$ et $\frac{7\pi}{3}$ correspondent aux mêmes points.

c. ☐ Si M est le point correspondant au réel x et si M′ est le point correspondant au réel $\pi + x$, alors les points sont symétriques par rapport à O.

d. ☐ A, B, C, D sont des points du cercle trigonométrique tels que A est le point correspondant au réel x, B correspond à $\pi - x$, ABCD est un rectangle. Alors C correspond à $\pi + x$ et D correspond à $-x$.

2 Valeur de cosinus

a. ☐ $\cos\frac{\pi}{3} = \cos-\frac{\pi}{3}$

b. ☐ $\cos\frac{2\pi}{3} = \frac{1}{2}$

c. ☐ $\cos-\frac{\pi}{3} = -\frac{1}{2}$

d. ☐ $\cos\frac{5\pi}{4} = -\frac{\sqrt{2}}{2}$

3 Valeur de sinus

a. ☐ $\sin\frac{\pi}{3} = \sin-\frac{\pi}{3}$

b. ☐ $\sin\frac{2\pi}{3} = \frac{\sqrt{3}}{2}$

c. ☐ $\sin-\frac{\pi}{3} = -\frac{1}{2}$

d. ☐ $\sin\frac{5\pi}{4} = -\frac{\sqrt{2}}{2}$

4 Programmation

a. ☐ Pour définir la série précédente avec Python, on écrit : « L=[1,1,1,2,2,2,3,3,3,3,3,4] ».

b. ☐ L'effectif total est obtenu par « len(L) ».

c. ☐ La moyenne s'obtient par « sum(L) ».

d. ☐ Le calcul de la médiane peut se faire par « statistics.median(L) ».

SCHÉMA-BILAN

Faire des calculs trigonométriques

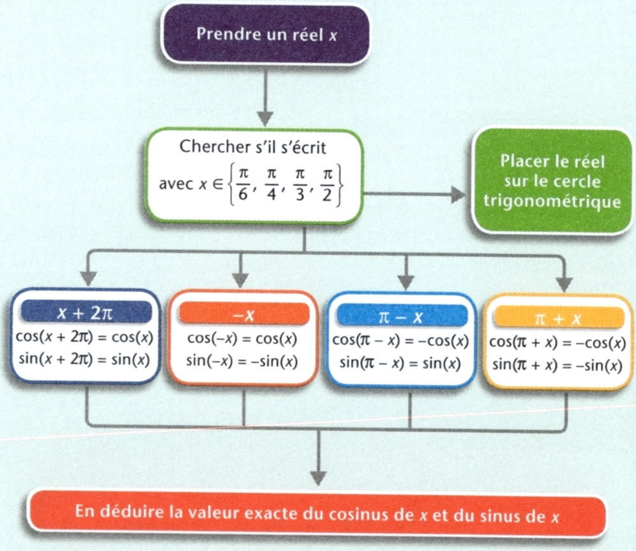

Réponses :

1 **a.** Faux. Ils sont symétriques par rapport à (OI). **b.** Vrai, car $\frac{7\pi}{3} = \frac{\pi}{3} + \frac{6\pi}{3} = \frac{\pi}{3} + 2\pi$. **c.** Vrai. **d.** Vrai. **2** **a.** Vrai ; $\cos\frac{\pi}{3} = \frac{1}{2} = \cos -\frac{\pi}{3}$. **b.** Faux ; $\cos\frac{2\pi}{3} = -\frac{1}{2}$. **c.** Faux. **d.** Vrai. **3** **a.** Faux ; $\sin\frac{\pi}{3} = \frac{\sqrt{3}}{2}$; $\sin -\frac{\pi}{3} = -\frac{\sqrt{3}}{2}$. **b.** Vrai. **c.** Faux. **d.** Vrai.

Étudier une configuration géométrique

Sujet

ABCD est un parallélogramme de centre O. Les points E et F sont les milieux respectifs des segments [AD] et [AB]. Les droites (AC) et (BE) sont sécantes en K.
Démontrer que les points D, K et F sont alignés.

Avant de commencer

▶ Réaliser une figure.

▶ Déterminer la méthode qu'on va mettre en œuvre, en lien avec le cours :
- propriétés géométriques ;
- introduction d'un repère et calcul des coordonnées des points et de vecteurs pour obtenir une colinéarité. Les coordonnées des points A, B, C, D seront souvent donnés dans l'énoncé. Admettons pour cette méthode que l'on ait : O(0 ; 0), A(–2 ; 3), B(3 ; 2), C(2 ; –3), D(–3 ; –2).

Méthode : propriétés géométriques

→ *Voir fiches 41 et 42.*

→ Repérez les points qui sont les milieux de segments, dans le triangle ABD.

Dans le triangle ABD, E est le milieu de [AD] (côté du triangle).
Dans le parallélogramme ABCD, le centre est O, donc milieu des diagonales. Ainsi, O est le milieu de [BD] (côté du triangle).

→ Appliquez les résultats sur les concours de médiatrices dans un triangle.

Comme B est un sommet de ce triangle, les droites (BE) et (AO) sont médianes du triangle. Elles sont donc sécantes en un point qui est le centre de gravité du triangle, qui est donc K.
F est le milieu de [AB] (côté du triangle). Ainsi, la droite (DF) est la troisième médiane du triangle.

Montrer un alignement revient à montrer qu'un point appartient à la droite formée par les deux autres points.

Comme les médianes d'un triangle sont concourantes en un point, alors K appartient à la droite (DF) et donc D, K, F sont alignés.

Méthode : coordonnées

→ *Voir fiches 39 et 44.*

Calculez les coordonnées des milieux.

Par exemple, $x_E = \frac{x_A + x_D}{2} = \frac{-2 + (-3)}{2} = -\frac{5}{2}$.

$$E\left(-\frac{5}{2} ; \frac{1}{2}\right),\ F\left(\frac{1}{2} ; \frac{5}{2}\right).$$

Calculez les équations des droites (BE), (AO) et (DF).

$$(BE) : y = \frac{3}{11}x + \frac{13}{11},\ (AC) : y = -\frac{3}{2}x,\ (DF) : y = \frac{9}{7}x + \frac{37}{7}.$$

Calculez les coordonnées de K par un système, on vérifie que ces coordonnées vérifient l'équation de (DF) (ou des vecteurs colinéaires).

$$K\left(-\frac{2}{3} ; 1\right)$$

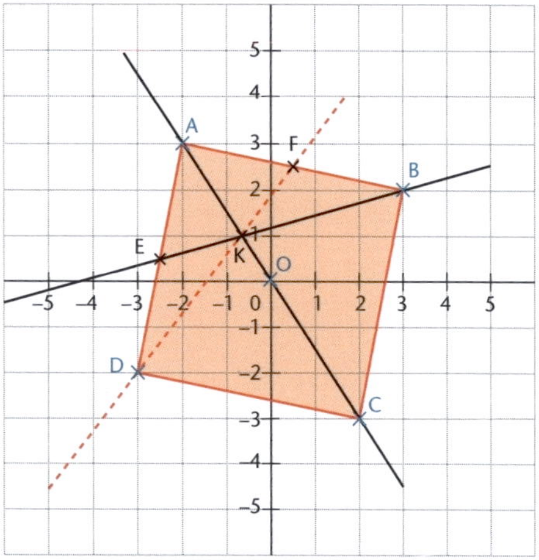

I Liste de propriétés à savoir démontrer

1. Nombres

- Le nombre $\frac{1}{3}$ n'est pas décimal ; le nombre $\sqrt{2}$ n'est pas rationnel.
- Pour une valeur numérique *a*, la somme de deux multiples de *a* est un multiple de *a*.
- Le carré d'un nombre impair est un nombre impair.
- Pour tout $a \geqslant 0$ et tout $b \geqslant 0$ $\sqrt{ab} = \sqrt{a}\sqrt{b}$.
- Pour tout $a \geqslant 0$ et tout $b \geqslant 0$ $\sqrt{a+b} \leq \sqrt{a} + \sqrt{b}$.
- Expliquer l'illustration géométrique de $(a + b)^2 = a^2 + 2ab + b^2$.

2. Géométrie

- Deux vecteurs sont colinéaires si et seulement si leur déterminant est nul.
- En utilisant le déterminant, établir la forme générale d'une équation de droite.
- Le projeté orthogonal d'un point sur une droite est le point de la droite qui est le plus proche du point.
- $\cos^2 x + \sin^2 x = 1$.

3. Fonctions

- Position relative des courbes d'équation $y = x$, $y = x^2$, $y = x^3$.
- Variations des fonctions « carré », « inverse », « racine carrée ».

II Liste des algorithmes à savoir programmer

1. Nombres

- Déterminer par balayage un encadrement de $\sqrt{2}$ d'amplitude inférieure ou égale à 10^{-n}.
- Déterminer si un entier naturel est multiple d'un entier naturel *b*.
- Pour des entiers *a* et *b* donnés, déterminer le plus grand multiple de *a* inférieur ou égal à *b*.
- Déterminer si un entier naturel est premier.

• Déterminer la première puissance d'un nombre positif donné supérieure ou inférieure à une valeur donnée.

2. Géométrie

• Étudier l'alignement de trois points dans le plan.

• Déterminer une équation de droite passant par deux points donnés.

3. Fonctions

• Algorithme d'approximation d'un extremum (balayage, dichotomie).

• Calcul approché d'une longueur de courbe.

4. Statistiques et probabilités

• Pour des données réelles ou issues d'une simulation, lire et comprendre une fonction écrite en Python renvoyant la moyenne m, l'écart – type s et la proportion d'éléments appartenant à $[m - 2s, m + 2s]$.

• Lire et comprendre une fonction Python renvoyant le nombre ou la fréquence de succès dans un échantillon de taille n pour une expérience aléatoire à deux issues.

• Simuler N échantillons de taille n d'une expérience aléatoire à deux issues. Si p est la probabilité d'une issue et f sa fréquence observée dans un échantillon, calculer la proportion des cas où l'écart entre p et f est inférieur ou égal à $1\sqrt{n}$.

Mémos calculatrices

Calculatrice Texas Instrument

1. Fonctions

• **Définir la fonction :** utiliser la touche $f(x)$ puis saisir l'expression algébrique de la fonction ; la variable x peut être introduite par la touche X, T, θ, n.

• **Tableau de valeurs :** pour définir la table, 2nde fenêtre (déf table f2) ; pour accéder à la table, 2nde graphe (table f15).

• **Pour tracer la courbe :** définir la fenêtre avec fenêtre.

```
FENêTRE
 Xmin=-10
 Xmax=10
 Xgrad=1
 Ymin=-10
 Ymax=10
```

Puis tracer avec graphe (table f15).

2. Statistiques

• **Entrer les données :** touche stats puis 1 dans l'éditeur de données. Entrer les valeurs dans L_1. S'il y a des effectifs, les entrer dans L_2.

• **Calculer les paramètres :** revenir au menu stats.

```
ÉDIT CALC TESTS
1:Stats 1 Var
```

Choisir les listes L_1 et L_2 puis calculer à l'aide de l'écran suivant.

```
      Stats 1 var
Xliste:L1
ListeFréq:
Calculer
```

Selon le modèle de calculatrice, on peut avoir à écrire 1-Var Stats L_1, L_2.

Calculatrice Casio

1. Fonctions

- **Définir la fonction** : choisir parmi l'un des menus :

ou

puis saisir l'expression algébrique de la fonction ; la variable *x* peut être introduite par la touche X, θ, T.

- **Tableau de valeurs :** dans le menu 

utiliser F5 (SET) pour accéder aux réglages de la table de valeurs.

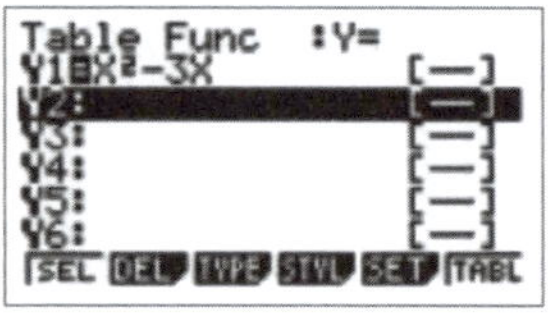

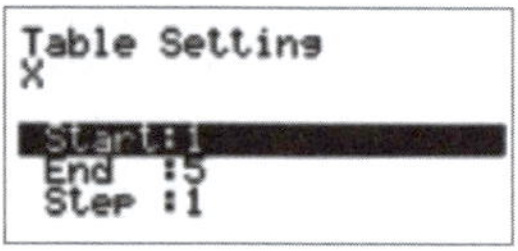

Pour **accéder à la table,** TABL F6.

- **Tracé de la courbe** : choisir DRAW dans le menu 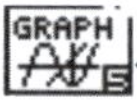

.

2. Statistiques

- **Entrer les données :** choisir le menu 

, entrer les valeurs dans List 1. S'il y a des effectifs, les entrer dans List 2.

- **Calculer les paramètres** : dans CALC F2, choisir SET F6.

S'il y a des effectifs, choisir 1 VAR Freq :List2, sinon laisser à 1.

Appuyer sur la touche EXE, puis sur 1 VAR F1.

Logique

1. Propositions

• En mathématiques, on utilise des règles logiques pour établir de nouvelles propriétés à partir de propriétés existantes. Cela constitue une **démonstration**.

• Une **proposition** est un énoncé qui peut être vrai ou faux. Elle ne peut être à la fois vraie et fausse : c'est le principe du **tiers exclu**.

• Il existe un nombre restreint de « propositions » non démontrées et admises : les **axiomes**. Les autres, donc démontrées, sont des **théorèmes**.

Exemples

• P = « par tout point du plan, il passe une droite et une seule parallèle à une droite donnée » est l'un des axiomes de la géométrie d'Euclide.

• Q = « dans un triangle rectangle, le carré de l'hypoténuse est égal à la somme des carrés des deux autres côtés » est un théorème, dont il existe de nombreuses démonstrations.

2. Les connecteurs logiques « et » et « ou »

Si P et Q sont deux propositions alors :

• « **P et Q** » est une nouvelle proposition qui n'est vraie que si, et seulement si, les propositions P et Q sont toutes deux vraies ;

• « **P ou Q** » est une nouvelle proposition qui n'est fausse que si, et seulement si, les propositions P et Q sont toutes deux fausses.

3. Les quantificateurs ∀ et ∃

• « $\forall x \in \mathbb{R}, x^2 \geqslant 0$ » signifie : « **pour tout** réel x, son carré est positif ou nul ». Le symbole ∀ est le **quantificateur universel**. Il signifie que la propriété qui le suit est vraie pour tout un ensemble de valeurs.

• « $\exists x \in \mathbb{R}, x^2 = 0$ » signifie : « **il existe** (au moins) un réel x dont le carré est nul ». Le symbole ∃ est le **quantificateur existentiel**. Il signifie que la propriété qui le suit est vraie pour au moins une valeur.

4. Proposition conditionnelle, réciproque, contraposée et négation

• Une **proposition conditionnelle** est de la forme « si P est vraie, alors Q est vraie ». Il s'agit d'une **implication**. On peut l'écrire **P ⇒ Q**.

• Sa **réciproque** est « si Q est vraie alors P est vraie ». On l'écrit **Q ⇒ P**.

• Attention : on peut avoir une proposition conditionnelle vraie sans que sa réciproque le soit.

Exemple
La proposition conditionnelle, pour un réel x, « si $x = 2$ alors $x^2 = 4$ » est vraie, alors que sa réciproque « si $x^2 = 4$ alors $x = 2$ » est fausse, car on pourrait avoir $x = -2$.

• Si P ⇒ Q et Q ⇒ P sont vraies, on dit que P et Q sont **équivalentes**. On écrit **P ⇔ Q**.

• **Négation** de P : c'est la proposition notée **non P** ou **¬P**. Elle est vraie seulement quand P est fausse.

Exemples
• La négation de « P **et** Q » est « ¬P **ou** ¬Q ».
• La négation de « P **ou** Q » est « ¬P **et** ¬Q ».

• La **contraposée** de P ⇒ Q est **¬Q ⇒ ¬P**. Cela signifie la même chose que la proposition conditionnelle initiale.

Exemple
La contraposée de « si $x = 2$ alors $x^2 = 4$ » est « si $x^2 \neq 4$ alors $x \neq 2$ ».

5. Conditions nécessaires et suffisantes

Quand l'implication P ⇒ Q est vraie :
• P est une **condition suffisante** pour que Q soit vraie ;
• Q est une **condition nécessaire** pour que P soit vraie.

Exemple
Considérons la proposition « si un quadrilatère est un rectangle, alors il a ses côtés opposés de même longueur ».
Pour que le quadrilatère soit un rectangle, *il faut* qu'il ait des côtés opposés de même longueur, mais ce n'est *pas suffisant*.
Pour que le quadrilatère ait des côtés opposés de même longueur, *il suffit* qu'il soit un rectangle, mais ce n'est *pas nécessaire*. On pourrait avoir aussi un losange non rectangle.

6. Contre-exemple d'une proposition universelle

Quand on souhaite montrer qu'une propriété n'est pas toujours vraie, il suffit de trouver un contre-exemple.

Exemple
« Pour tout réel a, a et $3a$ sont divisibles par 3. » C'est faux, comme le montre le contre-exemple avec $a = 2$. Dans ce cas, on a bien $3a = 6$ divisible par 3, mais a ne l'est pas. En revanche, cette proposition est vraie si a est lui-même divisible par 3.

7. Raisonnements

• **Par disjonction des cas :** on distingue différents cas de figures qu'on examine.

Exemple
« Si n est un entier naturel, $n^2 + n$ est pair. »
• 1er cas : n est pair. Dans ce cas, n^2 est pair et donc $n^2 + n$ est pair.
• 2^d^ cas : n est impair. Dans ce cas, n^2 est impair et donc $n^2 + n$ est pair.

• **Par l'absurde :** cela consiste à supposer vraie une propriété et à aboutir à une contradiction. On doit donc rejeter l'hypothèse et on en déduit que la propriété est fausse.

Exemple
On suppose « il existe un réel $x \neq -1$ tel que $\frac{3x+1}{3x+3} = 1$ ».
Alors on a nécessairement $3x + 1 = 3x + 3$, d'où $1 = 3$,

ce qui est absurde. Donc la négation de la propriété supposée est vraie : « $\forall x \neq -1, \frac{3x+1}{3x+3} \neq 1$ ».

Physique-Chimie

Sommaire

Constitution et transformations de la matière

Modélisation des transformations de la matière et transfert d'énergie

Mouvement et interactions

Ondes et signaux

Annexes

Identification des espèces chimiques

FICHE 1

Identifier les espèces chimiques est important. Plusieurs techniques, physiques ou chimiques, sont présentées ici.

I Corps purs et mélanges rencontrés au quotidien

- L'échelle macroscopique englobe tous les phénomènes et toutes les grandeurs physiques observables à l'œil nu.
- Ce qui est observé à l'échelle macroscopique constitue une résultante des phénomènes qui se produisent à l'échelle microscopique.
- La température est une grandeur observable à notre échelle mais elle résulte de l'agitation des molécules (échelle microscopique) constituant de l'air.
- Un corps pur est une matière constituée d'une seule espèce chimique. Il peut être constitué de plusieurs types d'atomes.
- Un mélange comprend donc plusieurs espèces chimiques. Il est **homogène** si on ne peut pas distinguer les constituants à l'œil nu ; il est **hétérogène** dans le cas contraire.

Corps purs	Mélanges	
	Homogènes	Hétérogènes
Eau distillée, dioxygène (O_2), sel (NaCl), sucre ($C_{12}H_{22}O_{11(s)}$)	Eau salée et café (liquide), air (gaz), acier (solide)	Huile + eau Sable + eau

- L'air est un mélange homogène composé d'environ 20 % de dioxygène et 80 % de diazote.

II Identification d'une espèce par des mesures physiques

- Les **températures de changement d'état** sont **spécifiques à chaque espèce chimique**. La mesure de température de fusion ou d'ébullition permet donc de caractériser l'espèce présente dans un mélange.
- Pour identifier un produit, on peut utiliser le banc Köfler (→ *voir fiche 21*) en mesurant la température de fusion du composé.

- Avant toute utilisation, le banc Köfler doit être étalonné avec des composés connus dans la zone approximative où doit être effectuée la mesure du point de fusion.
- Une autre façon de **caractériser une espèce** est la **mesure de sa masse volumique** ρ. Elle se détermine de la façon suivante : $\rho = \frac{m}{V}$ avec ρ la masse volumique en $g.mL^{-1}$, *m* la masse du liquide en g et *V* le volume du liquide en mL.
- Il est intéressant de comparer la masse volumique d'un liquide avec celle de l'eau grâce à la densité : $d = \frac{\rho}{\rho_{eau}}$ avec *d* la densité du liquide (sans unité), ρ la masse volumique du liquide en $g.mL^{-1}$ et ρ_{eau} la masse volumique de l'eau $\rho_{eau} = 1{,}00\ g.mL^{-1}$.

III Identification d'une espèce par des mesures chimiques

- La **chromatographie** permet de **caractériser une espèce chimique**.
- Lorsque l'éluant entre en contact avec les dépôts sur la plaque, il les dissout et les entraîne avec lui.

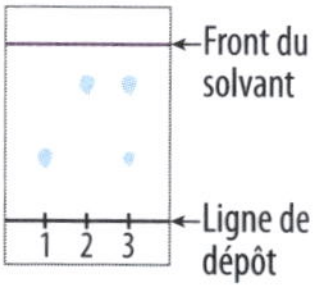

Analyse d'une chromatographie sur couche mince

- Pour interpréter un chromatogramme :
  – le nombre de taches sur la plaque indique le nombre de composés dans le mélange ;
  – les taches à la même hauteur sont des composés chimiques identiques.
- D'autres tests permettent de caractériser les espèces par réaction chimique.

	Espèce chimique	Test caractéristique
Gaz	Dioxyde de carbone $CO_{2(g)}$	Trouble l'eau de chaux
Gaz	Dihydrogène $H_{2(g)}$	Petite explosion lorsque l'on approche une flamme
Gaz	Dioxygène $O_{2(g)}$	Ravive la combustion d'une bûchette incandescente
Solution ionique	Ion chlorure $Cl^{-}_{(aq)}$	Précipité blanc qui noircit à la lumière lorsque l'on ajoute une solution de nitrate d'argent $(Ag^{+}_{(aq)}, NO^{-}_{3(aq)})$
Solution ionique	Ion cuivre II $Cu^{2+}_{(aq)}$	Précipité bleu lorsque l'on ajoute une solution de soude
Solution ionique	Ion Fe II $Fe^{2+}_{(aq)}$	Précipité vert lorsque l'on ajoute une solution de soude
Solution ionique	Ion Fe II $Fe^{3+}_{(aq)}$	Précipité rouille lorsque l'on ajoute une solution de soude

Exercice commenté pas à pas

Chromatographie des sucres

Pour connaître la composition d'un soda ou d'un jus de fruit, on réalise une chromatographie sur couche mince. Les dépôts et le chromatogramme sont indiqués sur le schéma ci-contre.

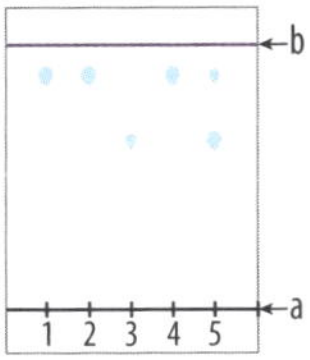

1 : Glucose
2 : Fructose
3 : Saccharose
4 : Jus de raisin
5 : Soda

L'éluant approprié pour cette chromatographie est un mélange de 3 espèces chimiques. Il contient en volume 20 % d'éthanol, 20 % d'acide éthanoïque et 60 % de butanone. Les masses volumiques des différents composés sont : éthanol $\rho_1 = 0{,}79$ g.mL^{-1} ; acide éthanoïque $\rho_2 = 1{,}05$ g.mL^{-1} et butanone $\rho_2 = 0{,}83$ g.mL^{-1}.

1. Calculer les volumes de chaque produit à mesurer si on veut 50 mL d'éluant.

2. Déterminer la masse de 50 mL de cet éluant.

3. Que représentent les lignes *a* et *b* indiquées par une flèche ?

4. Interpréter le chromatogramme obtenu.

Avant de commencer

▶ Cette question fait appel à la notion de pourcentage.

Calcul du volume de l'éluant

On note V_1 le volume d'éthanol, V_2 le volume d'acide éthanoïque et V_3 le volume de butanone.

$20\ \% = 0{,}20 \Rightarrow V_1 = V_2 = 0{,}20 \times 50 = 10$ mL.

De même, $V_3 = 0{,}60 \times 50 = 30$ mL.

Avant de commencer

▶ Il faut connaître la relation entre masse volumique et masse pour un composé.

▶ Il faut déterminer la masse de chacun des composés pour en déduire ensuite la masse totale.

Détermination de la masse d'éluant

On note m_1 la masse d'éthanol, m_2 la masse d'acide éthanoïque et m_3 la masse de butanone.
Nous avons : $m_1 = \rho_1.V_1 \Leftrightarrow m_1 = 0,79 \times 10 = 7,9$ g.
Pour l'acide éthanoïque : $m_2 = \rho_2.V_2 \Leftrightarrow m_2 = 1,05 \times 10 = 10,5$ g.
Pour la butanone : $m_3 = \rho_3.V_3 \Leftrightarrow m_3 = 0,83 \times 30 = 24,9$ g.
Ainsi la masse totale sera :
$m = m_1 + m_2 + m_3 \Leftrightarrow m = 7,9 + 10,5 + 24,9 = 43,3$ g.
Cet éluant a une masse de 43,3 g.

Avant de commencer

- Ces lignes sont des repères pour analyser le chromatogramme.

Lignes indiquées sur le chromatogramme

La ligne *a* représente la ligne de dépôts : on y dépose les différents composés à intervalle régulier pour éviter que les dépôts se mélangent.
La ligne *b* représente le front du solvant : elle est la hauteur maximale atteinte par le solvant.

Avant de commencer

- Le nombre de taches indique le nombre de corps purs dans le mélange.
- Les taches à la même hauteur indiquent des composés identiques.

Reprendre les résultats précédents pour conclure

Sur le chromatogramme, le glucose et le fructose sont à la même hauteur, il sera difficile de les distinguer lors de l'analyse.
On constate deux taches pour le soda : l'une à la même hauteur que le saccharose, l'autre à la même hauteur que le fructose et le glucose.
On constate une seule tache au niveau du jus de raisin : il contient donc du fructose ou du glucose, mais étant donné qu'il est issu d'un fruit, le sucre mis en évidence est sûrement du fructose.

réparation de solutions ar dissolution

FICHE 3

Dans les milieux hospitaliers, il est possible de préparer certaines solutions pharmaceutiques. Il faut préparer ces solutions de la façon la plus précise possible.

I Composition d'une solution

1. Soluté et solvant

- Une solution est composée d'un soluté (espèce qui est dissoute) et d'un solvant (espèce qui dissout).
- Un soluté peut être un solide, un liquide (éthanol) ou un gaz (dioxygène dans l'eau).
- Si la solution est suffisamment agitée, on observe qu'une seule phase ; on dit que la solution est homogène.
- Cependant, le solvant ne peut dissoudre qu'une certaine quantité de soluté. Au-delà de cette limite, la solution est saturée, le soluté ne peut plus être dissous.

2. Concentration en masse d'une solution

- La concentration en masse C_m d'un soluté se détermine par la relation : $C_m = \frac{m}{V}$ avec C_m la concentration en masse en g.L^{-1}, m la masse du soluté en g et V le volume du solvant en L.
- Par exemple, pour préparer 100 mL d'une solution de glucose à 50 g.L^{-1}, nous devrons mesurer 100 mL de solvant (eau distillée) et peser $m = 50 \times 0{,}100 = 5{,}0$ g de glucose.
- Dans l'industrie pharmaceutique, les concentrations sont souvent indiquées en %. Par exemple, dans une solution à 0,9 %, il y a 0,9 g de soluté pour 100 g de solution. Si le solvant est l'eau, on obtient comme concentration : $C_m = \frac{m}{V} \Leftrightarrow C_m = \frac{0{,}90}{0{,}100} = 9{,}0$ g.L^{-1}.

Dans cet exemple, les calculs se simplifient, car on suppose une masse volumique de la solution égale à 1,00 g.L^{-1}.

II Préparation d'une solution par dissolution

- Pour préparer une solution de manière précise, le soluté doit être pesé avec une balance de précision (étape 1) pour mesurer la masse du soluté.

- Puis on introduit ce soluté pesé dans une **fiole jaugée** (étape 2).
- On **introduit ensuite le solvant** au ¾ de la fiole, on **agite pour dissoudre le soluté**, puis on complète jusqu'au trait de jauge. On agite à nouveau pour **homogénéiser la solution** (étape 3).

- L'eau a tendance à remonter sur les parois de la verrerie, ce qui forme un **ménisque**.
- Pour ajuster le volume dans la fiole, **le bas du ménisque doit coïncider avec le trait de jauge de la fiole** (*voir schéma*).

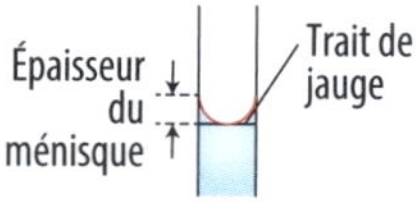

Visualisation et ajustement du ménisque au trait de jauge

- Une solution est homogène si la concentration en masse est uniforme dans toute la solution, d'où l'importance d'agiter la solution.
- La verrerie jaugée en chimie est toujours plus précise pour mesurer un volume que la verrerie graduée.
- On peut constater que la masse de 100,0 mL d'eau (soit 100,0 g) mesurée avec une fiole jaugée sera plus précise que la masse mesurée avec une éprouvette graduée ; en effet la variabilité de la valeur est moins grande dans le cas de fiole jaugée.

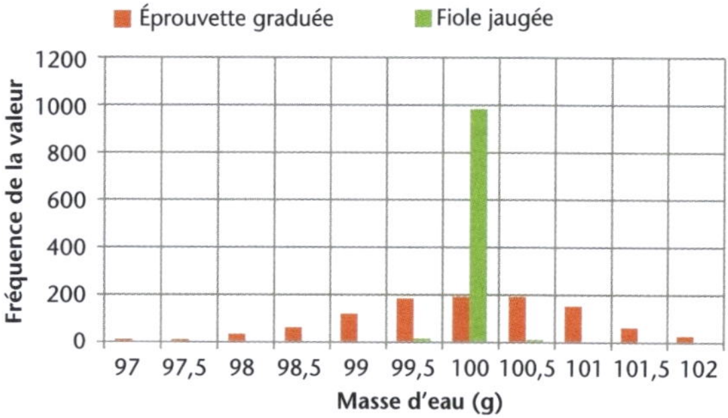

100,0 mL d'eau présente une variabilité si l'on mesure avec une fiole jaugée

Dilution d'une solution et échelle de teinte

FICHE 4

Après avoir réalisé la solution, il est important d'en vérifier sa qualité. Si la solution est colorée, on peut avoir une estimation de la concentration de la solution.

I Dilution d'une solution

- La **dilution** consiste à ajouter du solvant dans la solution de manière à **diminuer la concentration du soluté**.
- La solution concentrée **avant dilution** s'appelle la **solution-mère**, celle **après dilution** s'appelle la **solution-fille**.
- Pour réaliser une dilution, on utilise une **pipette jaugée** pour prélever la solution-mère que l'on introduit dans une **fiole jaugée**.
- Lors d'une dilution, la concentration diminue, mais la **masse de soluté ne change pas** :

$$m = C_{mère} \cdot V_{mère} = C_{fille} \cdot V_{fille}$$

$C_{mère}$ et $V_{mère}$ correspondent à la concentration en masse (en $g.L^{-1}$) et au volume (en L) de la solution-mère.

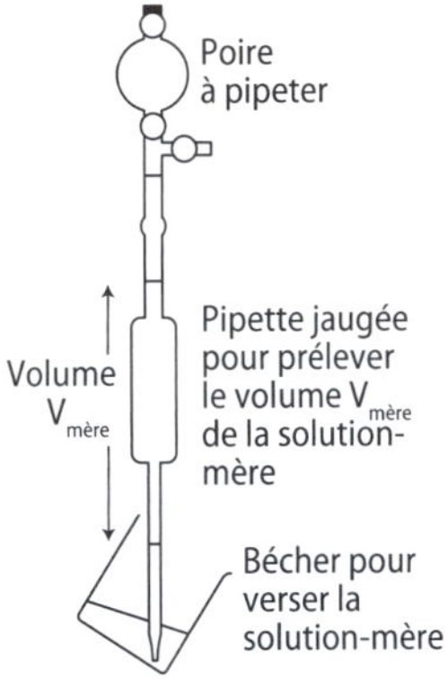

Principe de prélèvement d'une solution-mère

C_{fille} (en $g.L^{-1}$) et V_{fille} (en L) correspondent à la concentration en masse et au volume de la solution-fille.

- L'expression précédente peut s'écrire : $\frac{C_{mère}}{C_{fille}} = \frac{V_{fille}}{V_{mère}} = \frac{V_{fiole}}{V_{pipette}}$
- Le **rapport des concentrations** ou des volumes est appelé **facteur de dilution**.

II Réalisation d'une échelle de teinte

- On va comparer la couleur de la solution dont on veut déterminer la concentration avec une **échelle de teinte** préparée préalablement.
- On connaît la concentration de chaque solution préparée dans l'échelle de teinte.

- Plus la solution est concentrée, plus la solution est foncée.
- Par exemple, on veut préparer une échelle de teinte de solution diiode (I_2) de façon à vérifier la concentration de Lugol® dont le principe actif est également I_2.
- Le tableau ci-dessous donne les volumes à prélever de solution-mère de concentration en masse de 2,5 $g.L^{-1}$. Ce volume est déterminé à partir des relations de la dilution du paragraphe précédent.
- Le volume d'eau à ajouter est déterminé par la **différence entre le volume de solution** que l'on souhaite obtenir (ici 10,0 mL) et **le volume de la solution à prélever**.

Concentration en masse en $g.L^{-1}$	0,25	0,50	0,75	1,00	1,25	1,50
$V_{mère}$ en mL	1,0	2,0	3,0	4,0	5,0	6,0
$V_{eau\ distillée}$ en mL	9,0	8,0	7,0	6,0	5,0	4,0

- Pour préparer ces solutions, la pipette jaugée n'est plus adaptée, la burette graduée sera la verrerie à utiliser. Elle devra être rincée avec la solution-mère.
- La solution de concentration inconnue est déterminée par comparaison de coloration avec les solutions étalon de l'échelle de teinte.
- Bien que cette méthode ait l'avantage de déterminer rapidement la concentration de la solution recherchée, elle a l'inconvénient :
  - de ne donner qu'un encadrement de la concentration ;
  - de nécessiter un travail de préparation assez long ;
  - de ne s'appliquer qu'aux espèces chimiques colorées.
- Une méthode vue en 1re (spectrophotométrie) permettra de déterminer les concentrations de façon plus précise.

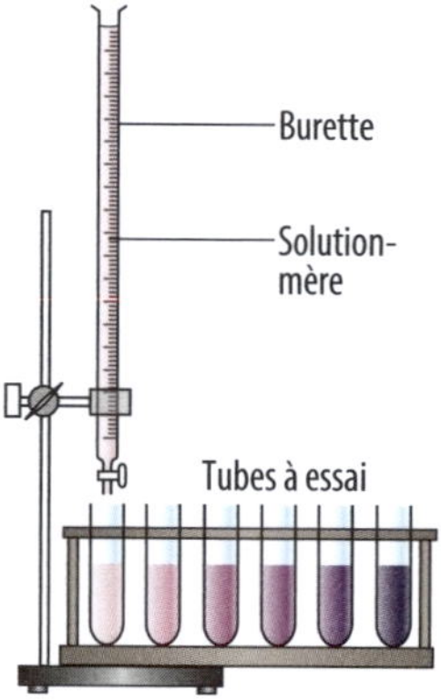

Montage et verrerie utilisé pour réaliser une échelle de teinte

Description et caractérisation la matière

FICHE 5

TEST-BILAN

→ *Réponses au verso.*

1 À quelle catégorie appartient le lait ?

a. ☐ Corps pur b. ☐ Mélange homogène

c. ☐ Mélange hétérogène

2 Quelle est environ la composition de l'air ?

a. ☐ 20 % de dioxygène et 80 % de diazote

b. ☐ 80 % de dioxygène et 20 % de diazote

c. ☐ 50 % de dioxygène et 50 % de diazote

3 Pour vérifier la pureté d'un produit, on peut mesurer avec un banc Köfler la température de :

a. ☐ réaction. b. ☐ fusion. c. ☐ liquéfaction.

4 Combien de tache(s) produira un corps pur lors d'une chromatographie sur couche mince ?

a. ☐ 1 tache b. ☐ 2 taches c. ☐ On ne peut pas savoir

5 Quelle est la masse contenue dans 15 mL d'éthanol ?
Donnée : $\rho_{\text{éthanol}} = 0{,}78\ \text{g.mL}^{-1}$

a. ☐ 7,8 g b. ☐ 11,7 mL c. ☐ 11,7 g

6 Dans notre organisme, le dioxygène est dissous dans le sang. Le sang est dans ce cas :

a. ☐ un solvant. b. ☐ un soluté.

c. ☐ une solution homogène.

7 On souhaite préparer une solution de diiode à 5,0 g.L^{-1}. On dispose de 1,0 g de diiode à l'état solide, quel volume de solution peut-on espérer préparer ?

a. ☐ 50 mL b. ☐ 100 mL c. ☐ 200 mL

SCHÉMA-BILAN

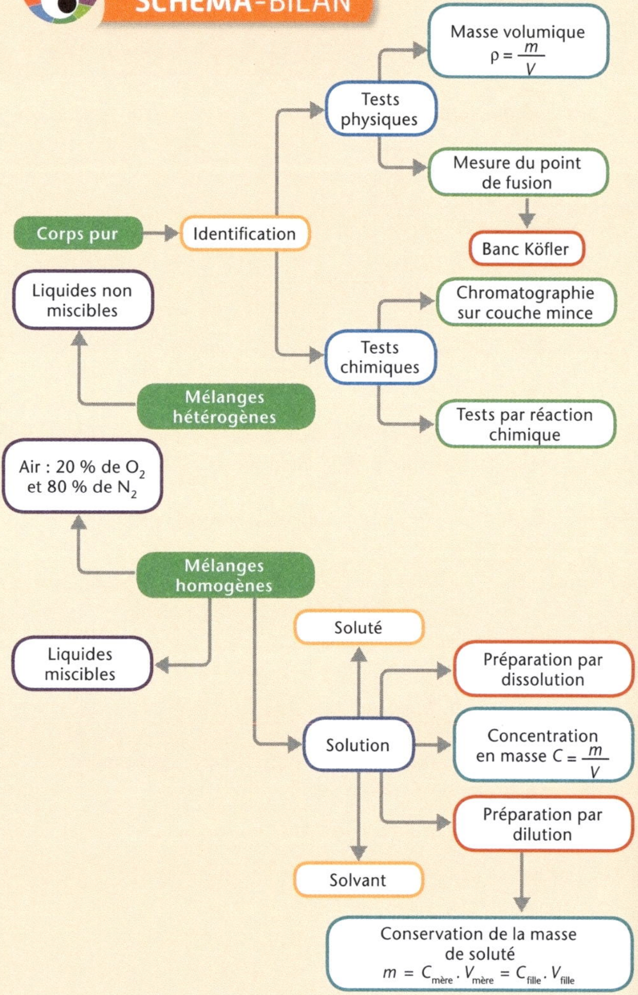

Réponses :

1 b – 2 a – 3 b – 4 a – 5 c – 6 a – 7 a.

u macroscopique au microscopique, e l'espèce chimique à l'entité

1,00 g d'eau pure est constituée de $3{,}34 \times 10^{22}$ molécules d'eau identiques, les molécules sont donc de dimensions très petites. Au final, les constituants de la matière sont connus seulement depuis moins d'un siècle.

I De l'espèce chimique à l'entité

- Une espèce chimique est une collection d'un nombre très élevé d'entités chimiques identiques.

- Une entité chimique peut être une molécule, un ionique ou un atome.

- Les entités chimiques peuvent être **naturelles**, **artificielles** ou **synthétiques**.

– Une espèce naturelle est présente dans la nature.
– Une espèce synthétique est fabriquée par l'Homme par réaction chimique mais existe aussi dans la nature.
– Une espèce artificielle est fabriquée par l'Homme et n'existe donc pas dans la nature.

Les espèces artificielles coûtent moins chères que les espèces naturelles.

Exemples :
– le coton est une espèce naturelle ;
– la vanilline, l'un des constituants de la vanille, peut être fabriquée par réaction chimique, elle est dans ce cas une espèce synthétique ;
– l'aspirine est une espèce artificielle : elle n'existe pas dans la nature.

- Les espèces chimiques naturelles et artificielles possèdent les mêmes propriétés chimiques.

- Une espèce chimique possède des **caractéristiques physico-chimiques** qui lui sont propres.

Exemple : l'eau possède une température d'ébullition de 100 °C et sa masse volumique à l'état liquide est de 1,00 g.mL^{-1}.

- Pendant très longtemps, les scientifiques ont pensé que la plus petite entité chimique qui puisse exister était l'atome (atome viens du grec *atomos* signifiant « insécable »).

- Les entités constituant l'atome sont : les **électrons**, les **protons** et les **neutrons**.

II Électroneutralité de la matière

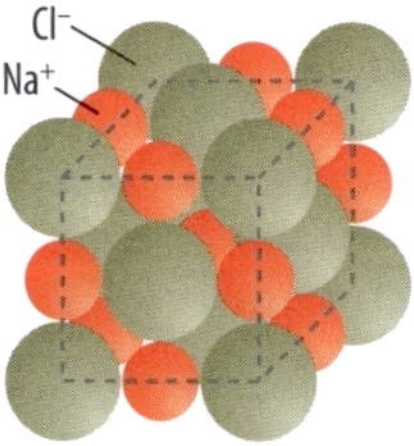

Le chlorure de sodium NaCl est un solide ionique constitué d'ions Na^+ et Cl^-

- À notre échelle, la matière environnante est électriquement neutre. Elle peut être chargée lors d'événements climatiques comme les orages.
- La matière qui nous environne est essentiellement constituée de **solides ioniques**, de **molécules**, ou de **métaux**.
- Les métaux sont constitués d'atomes identiques (l'or, l'argent, le cuivre…), et les molécules sont des assemblages d'atomes.
- Un atome est électriquement neutre. Les molécules sont par conséquent électriquement neutres.
- Un cation est une espèce chimique positive ; un anion est une espèce chimique négative.
- Les solides ioniques sont constitués de cations et d'anions, mais l'ensemble reste neutre.

Chlorure de magnésium

Exemple : le chlorure de magnésium est un solide ionique constitué d'ions magnésium Mg^{2+} et d'ions chlorure Cl^-. L'anion Cl^- porte une charge négative et le magnésium Mg^{2+} deux charges positives ; ce solide ionique a donc pour formule chimique $MgCl_2$.
On trouve le chlorure de magnésium dans le sel alimentaire. Il sert de coagulant pour la préparation des tofus ou du lait de soja.

À partir d'une formule brute, il n'est pas possible de savoir si l'entité est une molécule ou un solide ionique. $C_6H_{12}O_{11}$ est une molécule de saccharose et NaCl est un solide ionique composé d'ions Na^+ et Cl^-.

e noyau de l'atome, siège e sa masse et de son identité

FICHE 7

Les éléments constituant les « briques » de la matière (protons, électrons, neutrons) se sont formés au début de la vie de l'Univers. Cependant, son expansion a été si rapide que seuls les éléments les plus simples (hydrogène et hélium) ont pu se former. Les autres éléments, comme le carbone ou l'oxygène, ont été synthétisés grâce aux réactions nucléaires au cœur des étoiles.

I Caractéristiques et propriétés de l'atome

1. Constituants de l'atome et charge électrique

- Chaque atome comporte un noyau central fait de protons et de neutrons. Les particules du noyau se nomment les nucléons.
- Autour de ce noyau, se déplacent des électrons qui déterminent donc les dimensions de l'atome.
- L'ordre de grandeur des dimensions d'un noyau est de 10^{-15} m, celle de l'atome est de 10^{-10} m. Si on compare ces deux grandeurs :

$$\frac{10^{-10}}{10^{-15}} = 10^5.$$

- L'atome est environ 100 000 fois plus grand que son noyau. Un atome est donc constitué essentiellement de vide.

Particules	Masse (kg)	Charge électrique
Électron	$m_e = 9{,}10939 \times 10^{-31}$	Négative
Proton	$m_p = 1{,}67262 \times 10^{-27}$	Positive
Neutron	$m_n = 1{,}67493 \times 10^{-27}$	Neutre

- La charge électrique est une grandeur en physique dont l'unité est le coulomb (symbole C).
- Le neutron ne possède donc pas de charge électrique. Les charges du proton et de l'électron sont opposées.

On peut s'étonner que toutes les charges positives soient regroupées en un même endroit. Il existe en effet une autre force qui lie les protons et les neutrons entre eux.

- Comme un atome est électriquement neutre, il doit comporter autant de protons que d'électrons.

2. Masse d'un atome

• En étudiant, les données du tableau précédent, nous nous rendons compte que la **masse du neutron** et du **proton** sont **très proches**. Nous pouvons écrire $m_p \approx m_n \approx$ **1,67 × 10⁻²⁷ kg**.

• Pour la masse de l'électron, elle est environ $\frac{m_p}{m_e} = \frac{1{,}67 \times 10^{-27}}{9{,}11 \times 10^{-31}} \approx 1\,800$ fois plus faible que celle du proton ou que du neutron.

• Au sein d'un atome, la **masse des électrons** est donc **négligeable par rapport à celle des nucléons**.

• La **masse d'un atome** est **assimilable** à la **masse du noyau**, on néglige la masse des électrons :

$$m_{atome} = A \times m_{nucléon}$$

avec A : nombre de nucléons contenus au sein du noyau et $m_p \approx m_n = m_{nucléon} = 1{,}67 \times 10^{-27}$ **kg**.

> **Exemple :** pour le fluor la notation est $^{19}_{9}F$; la masse de l'atome de fluor 19 est donc voisine de $m(F) = 19 \times 1{,}67 \times 10^{-27}$
> $m(F) = 3{,}17 \times 10^{-26}$ kg.

II L'élément chimique

• L'hydrogène est le plus simple des éléments, son noyau ne possède qu'un seul proton.

• Pour **représenter le noyau de l'atome** de façon symbolique, on utilise **son symbole chimique que l'on note *X*** pour le cas général. En haut à gauche du symbole, on fait figurer le nombre de nucléons A et en bas à gauche le numéro atomique Z : $^{A}_{Z}X$.

• Le **numéro atomique** est le **nombre de protons contenus dans le noyau**. Il est noté Z. Le nombre de nucléons (protons et neutrons) est noté A. Le nombre de neutrons se note N. A, Z et N sont liés par la relation : $A = Z + N$.

• Un élément chimique (atome, ion…) est caractérisé par le nombre de protons contenus dans le noyau. Ainsi, l'élément fer est caractérisé par le fait qu'il ait 26 protons, le cuivre 29, le néon 10…

tructure électronique 'un atome

FICHE **8**

Bien qu'ils aient une trajectoire aléatoire dans l'atome, les électrons sont organisés en couche électronique autour du noyau.

I Répartition des électrons dans un atome

- Dans le modèle atomique, on affirme que **les électrons de l'atome se répartissent en couches**.
- Ces couches n'ont pas de frontière, elles correspondent à une probabilité maximale de trouver l'électron dans la couche considérée.
- À l'intérieur des couches, il peut exister des sous-couches :
  – la couche 1 est la plus proche du noyau, elle contient qu'une seule sous-couche notée s. Cette sous-couche peut contenir 2 électrons ;
  – la couche 2 contient deux sous-couches : s et p. La sous-couche s peut contenir 2 électrons, la sous-couche p 6 électrons ;
  – la couche 3 contient trois sous-couches mais nous ne nous intéresserons qu'aux deux premières sous-couches (s et p).

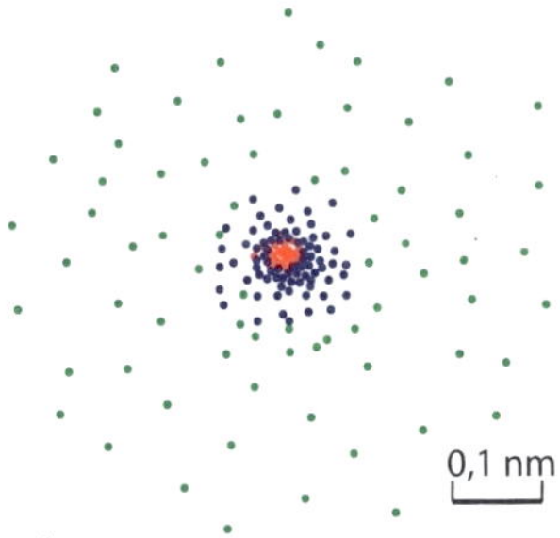

- Électron de la couche 1
- Électron de la couche 2
- Électron de la couche 3

Répartition en couches des électrons dans le cas de l'atome de magnésium

L'électron est une particule élémentaire, il n'a pas de dimension, contrairement au proton ou au neutron. Sa représentation par un point sur le schéma n'est donc pas tout à fait correcte.

- La dernière couche contenant les électrons s'appelle la **couche externe**. Les autres couches, plus proches du noyau, sont appelées les **couches internes**.
- Lorsque l'on établit la **structure électronique** d'un atome, on indique **le nombre d'électrons dans chaque couche**.

Exemple : l'atome d'azote, de symbole N, a 7 électrons.
La structure électronique est $1s^1\ 2s^2\ 2p^3$. Sa couche 1 est saturée ou pleine, la couche 2 est sa couche externe.

- La couche externe est donc la couche où les électrons entrent ou sortent de l'atome.

II Stabilité des atomes

- Seuls les atomes de gaz nobles (He, Ne, Ar, Kr…) présentent une certaine inertie chimique : ils existent sous forme d'atomes isolés et on ne les rencontre ni sous forme d'ions ni dans des molécules (sauf dans de très rares exceptions).
- Les gaz nobles sont les éléments chimiques les plus stables.
- Cette particularité est liée à la configuration électronique de la couche externe des atomes de gaz nobles :

He : $1s^2$
Ne : $1s^2\ 2s^2\ 2p^6$
Ar : $1s^2\ 2s^2\ 2p^6\ 3s^2\ 3p^6$

- À l'exception de l'atome d'hélium qui possède 2 électrons sur sa couche externe, les autres atomes de gaz nobles ont tous 8 électrons sur leur couche externe.
- La **grande stabilité des atomes de gaz nobles** est donc liée au **nombre particulier d'électrons** qu'ils possèdent **sur la couche externe** :

– soit 2 électrons ou un « duet » d'électrons pour l'atome d'hélium He ;
– soit 8 électrons ou un octet d'électrons pour les autres atomes de gaz nobles : Ne, Ar, Kr, etc.

- À l'exception des gaz nobles, les autres atomes ne sont pas stables s'ils sont isolés. Ils peuvent :

– s'associer à d'autres atomes pour être plus stables, afin de former des molécules ;
– perdre ou gagner des électrons de manière à avoir la même structure électronique que le gaz noble le plus proche.

...ormation des ions et classification ...ériodique des éléments

FICHE 9

Un ion est un élément chargé. Peut-on connaître la charge d'un ion en étudiant la structure électronique de l'élément correspondant ?

I Formation des cations et des anions

- Les atomes de gaz nobles sont stables, ils n'ont pas besoin de s'associer à d'autres éléments ni de gagner ou de perdre des électrons.
- Les autres éléments moins stables peuvent ainsi perdre ou gagner des électrons pour avoir la même configuration électronique que le gaz le plus proche.

> **Exemple :** l'atome de sodium Na ($Z = 11$) possède la structure électronique : $1s^2\ 2s^2\ 2p^6\ 3s^1$. L'élément sodium existe dans la nature sous sa forme la plus stable Na^+ : il acquiert la structure du gaz noble le plus proche le néon Ne ($1s^2\ 2s^2\ 2p^6$) en perdant un électron.

- On peut alors définir deux règles :

– **la règle du duet** : les atomes dont le numéro atomique est proche de celui de l'hélium $Z = 2$ ont tendance à adopter sa configuration à 2 électrons $1s^2$;
– **la règle de l'octet** : les autres atomes ont tendance à adopter la configuration électronique externe possédant 8 électrons du gaz noble le plus proche.

- On peut donc, en appliquant les règles de l'octet ou du duet, prévoir avec certitude la charge des ions monoatomiques qui se forment.
- Ainsi, les éléments ayant leur couche externe quasiment remplie auront tendance à gagner des électrons pour former des **anions**.

> **Exemple :** l'atome d'oxygène ($Z = 8$) possède la structure électronique : $1s^2\ 2s^2\ 2p^4$. Cet élément, s'il le peut, cherchera à gagner deux électrons pour avoir la structure électronique du néon : $1s^2\ 2s^2\ 2p^6$. Sa formule sera O^{2-}.

- Les éléments, ayant leur couche externe peu remplie, auront tendance à perdre des électrons pour former des **cations** (*voir l'exemple du sodium*).

II Classification périodique des éléments

Un extrait de la classification périodique des éléments est reproduit page 112.

1. Critères actuels de la classification

- Dans la classification périodique actuelle, les éléments :
  – sont classés par masse atomique croissante sur une même ligne ;
  – possèdent le même nombre d'électrons dans leur dernière couche électronique sur une même colonne.

Dmitri Mendeleïev (1834-1907) proposa le premier le principe de la classification actuelle.

- On revient à la ligne lorsqu'une nouvelle couche électronique est commencée.

- On constate que les éléments appartenant à une même colonne possèdent les mêmes propriétés chimiques. On en déduit que les propriétés chimiques d'un élément dépendent du nombre d'électrons sur leur dernière couche.

2. Quelques familles chimiques

- La première colonne, à l'exception de l'hydrogène, regroupe la famille des alcalins (Li, Na, K, Rb, Cs). Ces éléments possèdent tous un électron sur leur couche externe :

Li : $1s^2\ 2s^1$
Na : $1s^2\ 2s^2\ 2p^6\ 3s^1$
K : $1s^2\ 2s^2\ 2p^6\ 3s^2\ 3p^6\ 4s^1$

En utilisant les règles du duet et de l'octet, ces éléments forment tous des cations à une charge positive (Li^+, Na^+, K^+, Rb^+, Cs^+) et réagissent violemment avec l'eau.

- L'avant-dernière colonne regroupe la famille des halogènes (F, Cl, Br, I). Ces éléments possèdent 7 électrons sur leur couche externe :

F : $1s^2\ 2s^2\ 2p^5$
Cl : $1s^2\ 2s^2\ 2p^6\ 3s^2\ 3p^5$

Ces éléments forment tous des anions à une charge négative (F^-, Cl^-, Br^-, I^-).

- La dernière colonne regroupe la famille des gaz nobles.

Exercice commenté pas à pas

Étoiles carbonées

- **Document 1 : Des étoiles particulières**

Les étoiles carbonées sont des étoiles qui ont développé une composition chimique où le carbone domine à la place de l'oxygène. Pour ces étoiles géantes, la température effective est relativement basse de telle sorte que des molécules se forment dans leur atmosphère. Les atmosphères de ces étoiles « froides » et lumineuses sont souvent instables et elles pulsent sur des périodes de l'ordre de l'année. L'étoile rejette ainsi de la matière dans le milieu interstellaire. Leur perte de masse est telle qu'elles sont parmi les plus importants contributeurs du milieu interstellaire, en matière carbonée et en silicium.

- **Document 2 : Composition de la matière vivante**

Toutes les molécules qui entrent dans la composition de la matière vivante sont architecturées autour de longues chaînes d'atomes de carbone. Les exobiologistes ont spéculé sur l'existence de formes de vie bâties non plus sur du carbone, mais sur le silicium.

1. L'atome de carbone a pour numéro atomique $Z = 6$. Combien d'électrons composent l'atome de carbone ? Justifier votre réponse.
2. Donner la structure électronique de l'atome de carbone. En suivant le même raisonnement, donner la structure électronique du silicium ($Z = 14$).
3. Que peut-on conclure pour ces deux éléments (carbone et silicium) ? Justifier votre réponse.
4. D'après votre réponse précédente, expliquer la phrase du document 2 : « les exobiologistes ont spéculé sur l'existence de formes de vie bâties [...] sur le silicium ». Quel est l'intérêt de ces étoiles pour les exobiologistes ?

Avant de commencer

► Pour trouver le nombre d'électrons, il faut s'appuyer sur le fait qu'un atome est électriquement neutre.

Nombre d'électrons dans l'atome de carbone

Le numéro atomique du carbone est $Z = 6$. Il possède donc 6 protons. L'atome de carbone possède 6 électrons ; en effet un atome est électriquement neutre, il possède autant de protons que d'électrons.

Avant de commencer

- Les électrons dans un atome se répartissent en couche électronique.
- Les couches électroniques contiennent des sous-couches.

Répartition électronique des atomes de carbone et de silicium

La structure électronique de l'atome de carbone est : $1s^2\ 2s^2\ 2p^2$. En suivant le même raisonnement que précédemment, l'atome de silicium possède 14 électrons. La structure électronique de l'atome de silicium est : $1s^2\ 2s^2\ 2p^6\ 3s^2\ 3p^2$.

Avant de commencer

- Que dire d'éléments qui possèdent le même nombre d'électrons sur leur dernière couche électronique ?

Famille chimique

Ces deux éléments ont le même nombre d'électrons sur leur dernière couche, ils appartiennent donc à la même famille chimique. Il ont les mêmes propriétés chimiques.

Avant de commencer

- Le carbone est l'élément essentiel des molécules du vivant.
- Le carbone et le silicium appartiennent à la même famille chimique.

Hypothèse des exobiologistes

Puisque le silicium a les mêmes propriétés que le carbone, on peut envisager une chimie du vivant à base de silicium et non plus du carbone. Lors de la recherche d'exoplanètes, la proximité d'une étoile carbonée peut indiquer la possibilité d'une forme de vie sur les planètes environnantes.

Éléments chimiques

TEST-BILAN

→ *Réponses au verso.*

1 Un nucléon peut être un :

a. ☐ proton. b. ☐ électron. c. ☐ neutron.

2 Quelle masse peut être considérée comme négligeable, lorsque l'on détermine la masse d'un atome ?

a. ☐ La masse des protons b. ☐ La masse des électrons
c. ☐ La masse des neutrons

3 Le noyau $^{56}_{26}Fe$ est composé de :

a. ☐ 26 protons et 30 neutrons.
b. ☐ 26 protons et 30 électrons.
c. ☐ 26 protons et 56 neutrons.

4 Un élément chimique est caractérisé par le :

a. ☐ numéro atomique *Z*. b. ☐ nombre de nucléons *A*.
c. ☐ nombre de neutrons *N*.

5 Donnez la structure électronique de l'atome de phosphore de symbole P, sachant que son numéro atomique est $Z = 15$.

a. ☐ $1s^2\ 2s^2\ 2p^6\ 3s^2\ 3p^3$ b. ☐ $1p^2\ 2p^2\ 2s^6\ 3p^2\ 3s^3$
c. ☐ $1s^6\ 2p^2\ 2s^6\ 3p^1$

6 Quelle famille possède les éléments les plus stables à l'état atomique ?

a. ☐ La famille des alcalins b. ☐ La famille des halogènes
c. ☐ La famille des gaz nobles

7 À partir de la structure électronique du calcium ($Z = 20$), on peut affirmer que cet élément va former un :

a. ☐ cation avec deux charges positives.
b. ☐ cation avec une charge positive.
c. ☐ anion avec une charge négative.

8 **Deux éléments appartiennent à la même famille chimique s'ils possèdent le même nombre :**

a. ☐ de protons. b. ☐ d'électrons.
c. ☐ d'électrons sur la dernière couche.

9 **Je suis un élément avec 4 électrons sur la dernière couche. Je suis très abondant dans toutes les molécules organiques. Qui suis-je ?**

a. ☐ L'oxygène b. ☐ Le carbone c. ☐ L'azote

SCHÉMA-BILAN

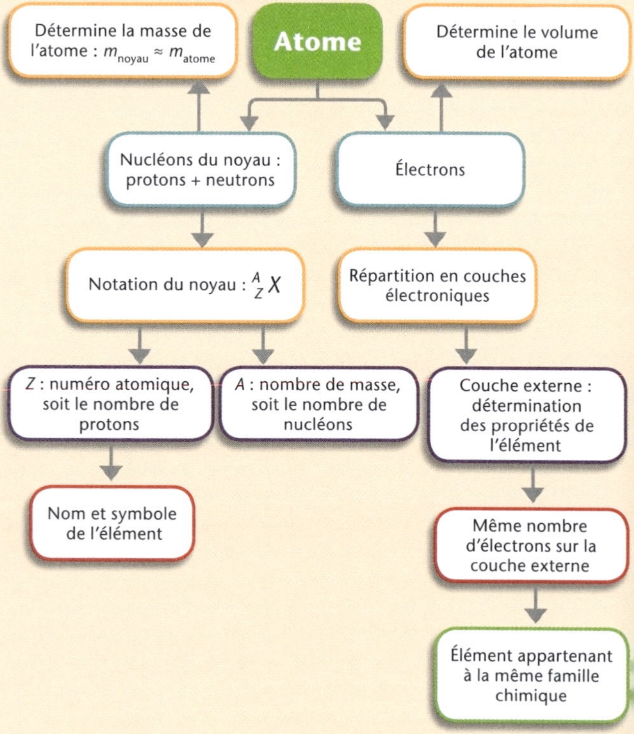

Réponses :

1 a et c – 2 b – 3 a – 4 a – 5 a – 6 c – 7 a – 8 a – 9 b.

Molécules et modèle de Lewis

FICHE 12

À partir de la formule de Lewis d'une molécule, on peut connaître la géométrie de la molécule. Les propriétés physico-chimiques de la molécule dépendent de l'arrangement spatial des atomes au sein de la molécule.

I Liaison covalente

- Les éléments sur les premières ou les dernières colonnes du tableau périodique forment facilement des cations ou des anions (→ *voir fiche 9*).
- Cependant, il n'est pas toujours possible de céder ou de capter des électrons pour obéir à la règle de l'octet (ou duet), notamment pour les éléments possédant 4 électrons sur leur couche externe comme le carbone ($Z = 6$).
- Ces éléments vont mettre en commun les électrons de leur couche externe de manière à obéir à la règle de l'octet ou du duet.
- La liaison covalente correspond à la mise en commun de deux électrons entre deux atomes, chaque atome fournit un électron. On représente la liaison covalente par un tiret.
- Le tableau ci-dessous donne les principaux éléments que l'on trouve dans les molécules, ainsi que le nombre de liaisons qu'ils engagent pour obéir à la règle du duet ou de l'octet (→ *voir fiche 9*).

Nom et symbole	Numéro atomique	Règle	Structure électronique	Nombre de liaisons
Hydrogène H	$Z = 1$	Duet	$1s^1$	1
Carbone C	$Z = 6$	Octet	$1s^2\ 2s^2\ 2p^2$	4
Azote N	$Z = 7$	Octet	$1s^2\ 2s^2\ 2p^3$	3
Oxygène O	$Z = 8$	Octet	$1s^2\ 2s^2\ 2p^4$	2
Fluor F	$Z = 9$	Octet	$1s^2\ 2s^2\ 2p^5$	1
Chlore Cl	$Z = 17$	Octet	$1s^2\ 2s^2\ 2p^6\ 3s^2\ 2p^5$	1

Exemple : l'azote est un élément ayant 5 électrons sur sa couche externe à l'état atomique. Il lui manque 3 électrons pour obéir à la règle de l'octet, il établira par conséquent 3 liaisons avec des éléments lui apportant les électrons manquants.

II Structure de Lewis

- À partir de la structure électronique, on représente les électrons de la dernière couche par des points pour chaque atome.
- On relie les électrons deux à deux de manière à établir le nombre de liaisons covalentes nécessaires tout en respectant la règle du duet ou de l'octet.
- Les électrons restants s'associent deux à deux pour former les doublets non liants.

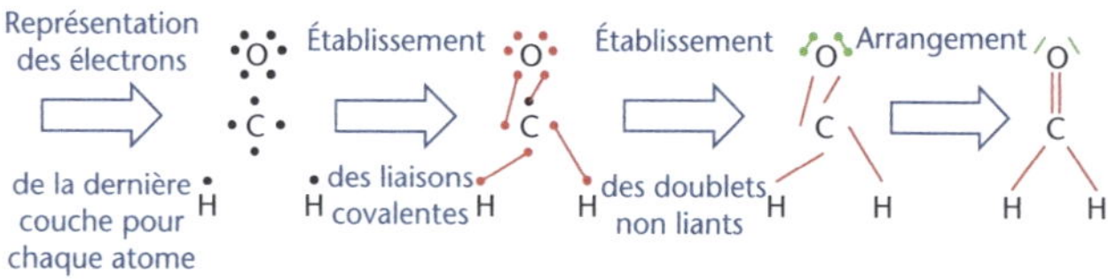

Établissement de la formule de Lewis du formaldéhyde à partir de sa formule brute (CH_2O)

- Les atomes établissant des doubles liaisons ont une structure plane au niveau de la double liaison et une structure linéaire s'ils établissent une triple liaison.

III Énergie de liaison

- L'énergie de liaison entre deux atomes est l'énergie nécessaire pour rompre la ou les liaison(s) entre les deux atomes. L'ensemble de la réaction s'effectue en phase gazeuse :

$$A-B_{(g)} \rightarrow A_{(g)} + B_{(g)}$$

- Il faut une énergie plus élevée pour rompre une triple liaison qu'une simple liaison.

Molécule	Énergie de liaison en $kJ.mol^{-1}$	
Dichlore : Cl-Cl	242	
Dibrome : Br-Br	192	
Dioxygène : O=O	497	
Diazote : N≡N	945	
H_3C-CH_3	347–356	Rupture de liaison carbone
$H_2C=CH_2$	611–632	
HC≡CH	837	

ompter les entités ans un échantillon

FICHE 13

Compter de façon très précise le nombre de molécules contenues dans un échantillon est quelque chose d'important, notamment lors de la prise d'un médicament.

I La quantité de matière : une autre façon de compter les atomes ou les molécules

1. Définition de la mole

- Il est impossible de compter une par une les molécules d'un médicament contenues dans un sachet.
- La taille des molécules est trop petite. Leur dimension est environ de 2×10^{-9} m (2 nm) alors qu'un microscope permet d'avoir une précision de l'ordre de 10^{-6} m (1 µm).
- Les balances actuelles ne sont pas capables de mesurer une masse inférieure à 0,1 mg (0,0001 g) : la masse d'une molécule est de l'ordre de 10^{-25} g.
- Comme on ne peut pas compter les molécules une par une, on introduit une nouvelle grandeur : la **quantité de matière** qui s'exprime en **moles** (symbole **mol**).
- Une mole d'entités correspond au nombre d'atomes qu'il y a dans 12 grammes de carbone 12.

2. Constante d'Avogadro

- Il y a une relation de proportionnalité entre le **nombre d'entités** N (atomes, molécules, etc.) et la **quantité de matière** n : $N = n.N_A$.
- Le coefficient de proportionnalité N_A est appelé **constante d'Avogadro** : $N_A = 6{,}02 \times 10^{23}$ mol^{-1}. Ce coefficient a été déterminé à partir du carbone 12.

> Le nom de la grandeur est « **quantité de matière** », son unité est la mole (symbole mol).

- Les composés n'ayant pas la même masse atomique ou moléculaire, il faudra peser différemment selon l'échantillon :
  - 12 g pour une mole d'atomes de carbone ;
  - 63,5 g pour une mole d'atomes de cuivre ;
  - 18 g pour une mole de molécules d'eau.

> **Exemple :** si l'on répartissait une mole de grains de sable ($6{,}02 \times 10^{23}$ grains) sur la France, la hauteur de sable atteinte sur le territoire serait de 500 m.

• Ainsi, on peut compter les atomes ou les molécules en déterminant la quantité de matière *n* grâce à une mesure de la masse de l'échantillon.

II Masse molaire d'un atome

• La **masse molaire d'un élément chimique** est la **masse d'une mole d'atomes de cet élément pris à l'état naturel**. On la note *M* et on l'exprime en **g.mol⁻¹**.

• Les masses molaires des atomes correspondent à peu près au nombre de nucléons (protons + neutrons) constituant le noyau d'un atome.

• Pour déterminer la **masse molaire d'une molécule**, on fait la **somme des masses atomiques** en tenant compte de leur proportion dans la molécule.

> **Exemple :** la masse moléculaire du propane est C_3H_8 est :
> – $M(C_3H_8) = 3\ M(C) + 8\ M(H)$.
> – $M(C_3H_8) = 3 \times 12{,}0 + 8 \times 1{,}0 = 44\ g.mol^{-1}$.

III Compter des solides ou des liquides

• Pour les **solides**, il est plus simple de **mesurer leur masse** et d'en déduire alors leur quantité de matière grâce à la relation suivante :

$n = \frac{m}{M}$ avec *n* quantité de matière en mol ; *m* masse du solide en g ; *M* masse molaire en $g.mol^{-1}$.

• Pour les **liquides**, il est plus simple de **mesurer un volume**. La relation entre quantité de matière et volume est donnée par :

$n = \frac{\rho \cdot V}{M}$ avec *n* quantité de matière en mol ; *ρ* masse volumique en $g.mL^{-1}$; *V* volume du liquide en mL ; *M* masse molaire en $g.mol^{-1}$.

Des médicaments contre les maladies cardio-vasculaires

Le cholestérol est nécessaire à la vie; néanmoins, un taux élevé de cholestérol peut réduire le flux sanguin en obstruant les artères du cœur. Il peut également provoquer des accidents vasculaires cérébraux et des douleurs thoraciques.
La pravastatine ($C_{23}H_{36}O_7$) ou l'atorvastatine ($M = 558{,}64$ g.mol^{-1}) peuvent être prescrites pour faire baisser de façon naturelle le taux élevé de cholestérol.
On souhaite remplacer 20,0 mg pravastatine par la même quantité d'atorvastatine.

Données : masse molaire : hydrogène $M(\text{H}) = 1{,}0$ g.mol^{-1} ; carbone $M(\text{C}) = 12{,}0$ g.mol^{-1} ; oxygène $M(\text{O}) = 16{,}0$ g.mol^{-1}.

1. Calculer la masse molaire de la pravastatine.
2. Déterminer la quantité de matière de pravastatine contenue dans 20,0 mg.
3. En déduire la quantité de matière ou le nombre de molécules que doit contenir notre échantillon d'atorvastatine.
4. Quelle doit être la masse de l'échantillon d'atorvastatine ?

Avant de commencer

► Penser à tenir compte des quantités de chaque atome dans la molécule.

→ Exploiter la formule brute d'une molécule

Chaque molécule de pravastatine ($C_{23}H_{36}O_7$) contient donc 23 atomes de carbone, 36 d'hydrogène et 7 d'oxygène.
$M(C_{23}H_{36}O_7) = 23\,M(\text{C}) + 36\,M(\text{H}) + 7\,M(\text{O})$
En exploitant les données de l'exercice, nous obtenons :
$M(C_{23}H_{36}O_7) = 23 \times 12{,}0 + 36 \times 1{,}0 + 7 \times 16{,}0 = 424$ g.mol^{-1}
La masse molaire de pravastatine est de 424 g.mol^{-1}.

Avant de commencer

► Connaître la relation entre la quantité de matière n et la masse de l'échantillon.

Exploiter la relation entre quantité de matière et masse

Nous avons $n = \frac{m}{M}$.

Nous devons effectuer une conversion avant d'appliquer la relation : $m = 20{,}0$ mg $= 0{,}0200$ g.

Nous obtenons : $n = \frac{0{,}0200}{424} = 4{,}72 \times 10^{-5}$ mol.

La quantité de matière contenue dans 20,0 mg de pravastatine est : $n_{\text{pravastatine}} = 4{,}72 \times 10^{-5}$ mol.

Avant de commencer

- C'est le nombre de molécules qui est important lors de la prise du médicament.
- Connaître la relation entre quantité de matière et nombre de molécules.

Déterminer la quantité à donner d'atorvastatine

Si l'on souhaite remplacer ce médicament par un équivalent ayant les mêmes effets, le nombre de molécules doit être identique. On en déduit $n_{\text{pravastatine}} = n_{\text{atorvastatine}} = 4{,}72 \times 10^{-5}$ mol.

On peut en déduire le nombre de molécules que l'on peut prescrire :

$N_{\text{pravastatine}} = N_{\text{atorvastatine}} = N_A \cdot n = 4{,}72 \times 10^{-5} \times 6{,}02 \times 10^{23}$

$N_{\text{pravastatine}} = N_{\text{atorvastatine}} = 2{,}84 \times 10^{19}$ molécules.

Avant de commencer

- Utiliser à nouveau la relation entre la quantité de matière n et la masse de l'échantillon.
- On cherche une masse, il faut donc isoler ce terme dans la relation.

Déterminer la posologie de l'atorvastatine

Nous avons $n = \frac{m}{M} \Leftrightarrow m = n \cdot M$

Il faut maintenant utiliser la masse molaire de l'atorvastatine pour avoir la masse du nouvel échantillon :

$$m = 4{,}72 \times 10^{-5} \times 558{,}64 = 26{,}3 \text{ mg}.$$

Si l'on veut remplacer 20,0 mg de pravastatine, il faudra élaborer un échantillon de 26,3 mg d'atorvastatine.

Vers des entités plus stables, compter les entités

FICHE 15

TEST-BILAN

→ *Réponses au verso.*

1 Le silicium a pour numéro atomique $Z = 14$. Cet élément engagera dans une molécule :

a. ☐ 2 liaisons covalentes et 2 doublets non liants.
b. ☐ 3 liaisons covalentes et 1 doublet non liant.
c. ☐ 4 liaisons covalentes.

2 Dans une molécule, les éléments obéissant à la règle du duet auront forcément :

a. ☐ 1 liaison covalente et 1 doublet non liant.
b. ☐ 1 liaison covalente.
c. ☐ 1 doublet non liant.

3 Le diazote N_2 est constitué de 2 atomes d'azote ($Z(N) = 7$). La structure de Lewis de cette molécule sera :

a. ☐ 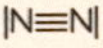
b. ☐ 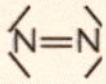
c. ☐ 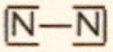

4 La molécule de chloroamine a pour formule brute NH_2Cl ($Z(Cl) = 17$, $Z(N) = 7$, $Z(H) = 1$). La structure de Lewis de cette molécule sera :

a. ☐ 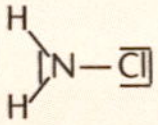
b. ☐ 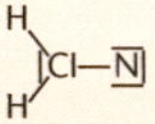
c. ☐ 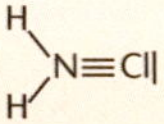

5 La constante d'Avogadro est déterminée à partir de l'atome :

a. ☐ d'hydrogène.
b. ☐ d'oxygène.
c. ☐ de carbone.

6 Quelle est la quantité de matière contenue dans 10 mL d'éthanol (utilisé comme désinfectant en médecine) ?
Données : M(éthanol) = 46 g.mol^{-1} ; $\rho_{\text{éthanol}}$ = 0,78 g.mL^{-1}.

a. ☐ 0,017 mol
b. ☐ 0,17 mol
c. ☐ 0,23 mol

7 À quelle quantité de matière correspond $3{,}01 \times 10^{22}$ atomes de fer ?

Donnée : Constante d'Avogadro $N_A = 6{,}02 \times 10^{23}$ mol^{-1}.

a. ☐ 1,0 mol b. ☐ 0,50 mol c. ☐ 0,050 mol

SCHÉMA-BILAN

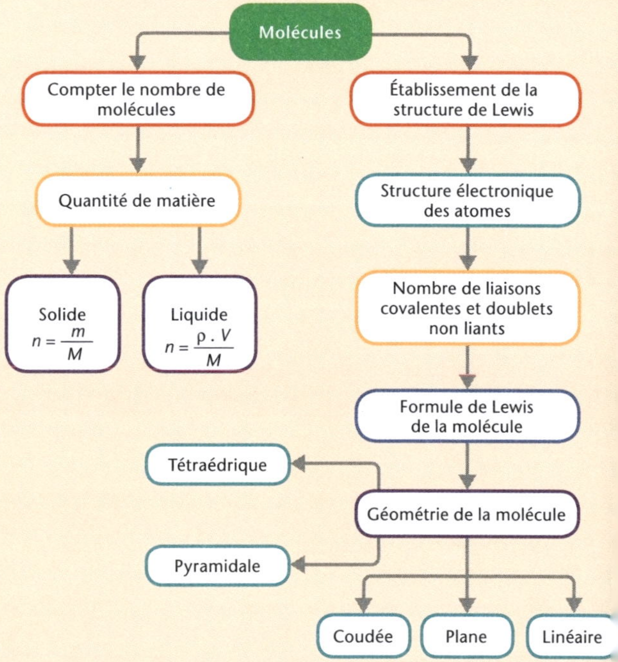

Réponses

1 c – 2 b – 3 a – 4 a – 5 c – 6 b – 7 c.

ransformation physique

La matière, de façon courante, se présente sous l'une des formes suivantes : solide, liquide ou vapeur. Les changements d'état impliquent des échanges énergétiques.

La quatrième forme de la matière est l'état plasma. Dans cet état, les particules sont détachées de leurs électrons.

I Les états de la matière

- À l'état solide, les entités sont liées entre elles. Un solide possède une forme propre et un volume propre.
- À l'état liquide, les entités sont faiblement liées entre elles. Un liquide possède un volume propre, mais pas de forme propre : il prend la forme du récipient qui le contient.
- À l'état gazeux, les entités n'ont quasiment pas d'interaction entre elles. Un gaz ne possède ni volume propre, ni forme propre, il occupe tout le volume disponible.
- Les liquides et les gaz pouvant être déformés constituent des fluides.

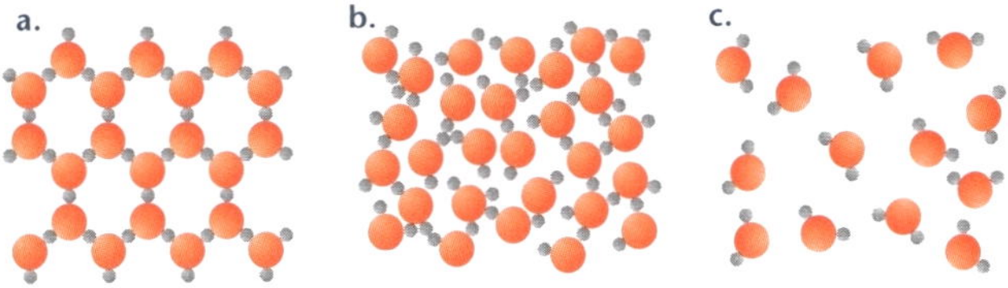

Les molécules d'eau à l'état solide (a), liquide (b) et gazeux (c)

II Les changements d'états de la matière

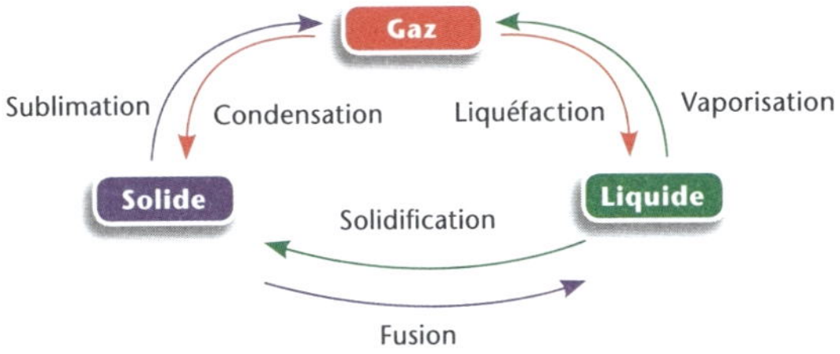

Les différents changements d'état de la matière

• L'écriture d'une équation du changement d'état s'effectue comme en chimie ; l'état de l'entité doit être indiqué.

Exemple : si la température est négative l'eau passe de l'état liquide à l'état solide : $H_2O_{(\ell)} \rightarrow H_2O_{(s)}$.

L'eau constitue un cas à part pour les changements d'état : on parle aussi de condensation lors du passage de l'état gazeux à l'état liquide.

• Pour augmenter l'agitation et effectuer un changement d'état, il faut apporter de l'énergie sous forme de chaleur : la transformation est **endothermique**.

• À l'inverse si l'on réduit l'agitation, le système cède de l'énergie pour effectuer le changement d'état : la transformation est **exothermique**.

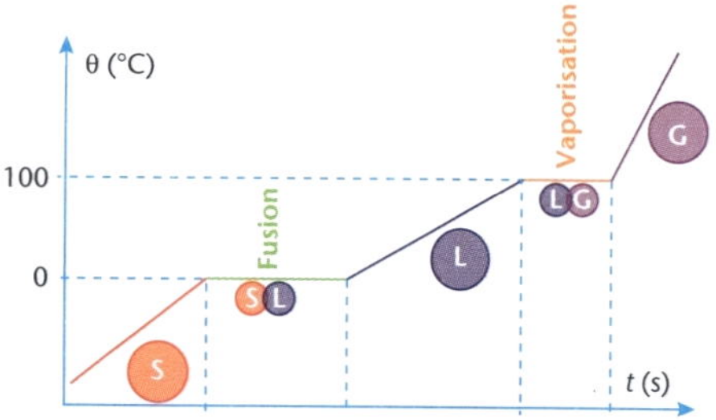

Si l'on chauffe un bloc de glace, la température présentera deux paliers correspondant au changement d'état de l'eau (fusion et vaporisation).

Substance	Température de fusion (°C)	Énergie massique de fusion (kJ.kg^{-1})	Température d'ébullition (°C)	Énergie massique de vaporisation (kJ.kg^{-1})
Eau	0	333,55	100	2 257
Éthanol	– 114	108,99	78	855

Température et énergie de changement d'état

• Les énergies de fusion et d'ébullition sont plus importantes dans le cas de l'eau car les interactions entre les molécules d'eau sont importantes.

Exercice commenté pas à pas

Dépôt d'or sur un bijou

Pour recouvrir un pendentif d'une fine couche d'or, un bijoutier doit vaporiser le métal dans une enceinte sous pression réduite, c'est-à-dire à une pression plus basse que la pression atmosphérique. Pour cela, le bijoutier dispose de 50 g d'or pris à l'état solide.

Données :

– température de fusion de l'or : θ_{fusion} = 1 064 °C;

– température de vaporisation de l'or : θ_{vap} = 1 100 °C sous pression réduite et θ_{vap} = 2 856 °C sous pression atmosphérique normale;

– chaleur latente de fusion de l'or L_{fusion} = 64,9 kJ.kg^{-1};

– chaleur latente de vaporisation de l'or L_{vap} = 1 650 kJ.kg^{-1}.

1. Déterminer l'énergie nécessaire pour faire fondre l'or et celle nécessaire pour transformer l'or liquide en vapeur.

2. Construire sur le même graphique l'évolution de la température de l'or avec les deux changements d'états en fonction du temps :

– à pression normale;

– sous pression réduite.

3. Quel est l'intérêt de faire ce dépôt sous pression réduite ?

Avant de commencer

▶ Savoir utiliser les règles de proportionnalité.

▶ Savoir se servir de l'unité de L_{fusion} ou de L_{vap} pour déterminer une relation entre ces chaleurs latentes, la masse de l'or et l'énergie mise en jeu.

Fusion et vaporisation de l'or

On convertit la masse en kg : 50 g = 0,050 kg.

Pour faire fondre 1 kg, nous avons besoin de fournir une énergie de 64,9 kJ.

Donc pour faire fondre 0,050 kg, nous avons besoin de :

E_{fusion} = 0,050 × 64,9 = 3,2 kJ.

On peut également exploiter l'unité de la chaleur latente :

$$\frac{\text{kJ}}{\text{kg}} = \frac{[E]}{[m]}$$

Nous en déduisons la relation :

$$L_{\text{fusion}} = \frac{E}{m} \Leftrightarrow E_{\text{fusion}} = m.L_{\text{fusion}}$$

L'application numérique donne $E_{\text{fusion}} = 0{,}050 \times 64{,}9 = 3{,}2$ kJ.
On retrouve bien le même résultat.
On raisonne de la même manière pour la vaporisation :
$E_{\text{vap}} = m.L_{\text{vap}} \Leftrightarrow E_{\text{vap}} = 0{,}050 \times 1650 = 83$ kJ.

Avant de commencer

▶ Lors des changements d'état, la température de l'or est constante.

Évolution de la température

L'évolution de la température est identique dans les deux cas jusqu'à la température de fusion. Le passage à l'état gazeux s'effectue plus rapidement sous pression réduite.

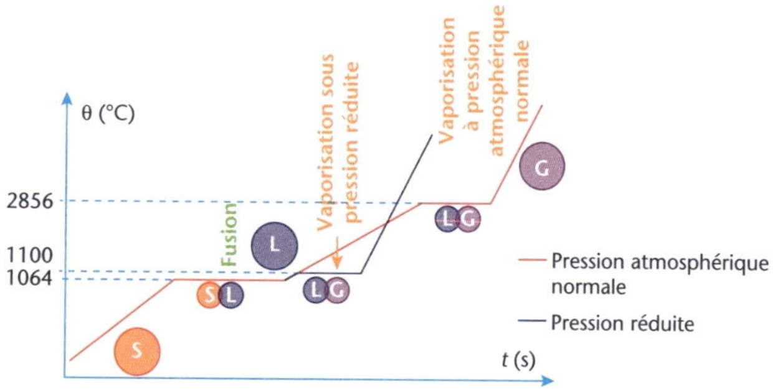

Avant de commencer

▶ Interpréter la courbe précédente.

Intérêt de la pression réduite

On a besoin de moins chauffer l'or sous pression réduite pour le faire passer à l'état de vapeur. Lorsque l'or fondra, il se vaporisera quasiment directement après.

ction chimique
n système

ors d'une réaction chimique, nous avons besoin d'identifier les spèces présentes au début de la réaction et celles présentes à la fin le la réaction afin de déterminer les réactifs et les produits.

I Description d'une transformation chimique

• L'ensemble des espèces chimiques contenues dans un endroit lonné constitue un **système** en chimie.

Exemple : en première approximation, le corps humain peut être considéré comme un système chimique.

• Pour décrire une transformation se déroulant à l'intérieur d'un ystème chimique, les deux états importants à considérer sont :
- **l'état initial**, c'est-à-dire avant la transformation ;
- **l'état final**, c'est-à-dire après la transformation.

• **Il peut y avoir plusieurs réactions ou transformations** à l'intérieur d'un système chimique.

II Produits et réactifs d'une transformation

• On considère la combustion d'un morceau de charbon (constitué l'atomes de carbone) dans un bocal rempli de dioxygène.

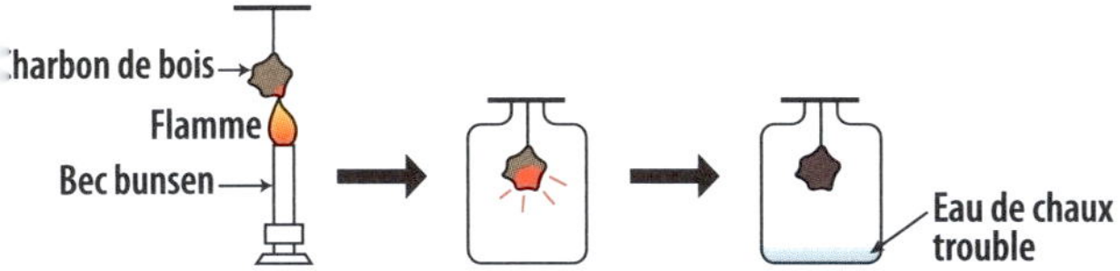

• La réaction est amorcée à l'aide d'une flamme. La réaction dégage le la chaleur puisque le morceau devient incandescent.

• L'eau de chaux révèle la formation de dioxyde de carbone; la ransformation se termine lorsqu'il n'y a plus de dioxygène.

• Le schéma ci-après donne l'état initial et final du système chimique.

État initial
P_i = 1013 hPa ; θ_i = 25 °C ;
espèces chimiques présentes :
$C_{(s)}$; $O_{2(g)}$.

Transformation → chimique

État final
P_f = 1013 hPa ; θ_f = 35 °C ;
espèces chimiques présentes :
$C_{(s)}$; $CO_{2(g)}$.

- Dans l'exemple de la combustion du charbon, les espèces consommées sont le carbone $C_{(s)}$ et le dioxygène $O_{2(g)}$ (les réactifs), le dioxyde de carbone est formé (produit de la réaction).

- Les espèces consommées au cours d'une transformation chimique sont appelés réactifs, et les espèces formées sont les produits.

- Les réactifs et les produits peuvent être caractérisés par des tests chimiques (→ *voir fiche 1*).

Exemple : lors de l'attaque du fer par l'acide chlorhydrique, il se forme au cours de cette réaction du dihydrogène H_2 et des ions Fe^{2+}. Le dihydrogène est caractérisé par une petite explosion lorsque l'on approche une allumette. Les ions fer Fe^{2+} sont caractérisés par la formation d'un précipité vert en présence de soude.

- La quantité de matière initiale du réactif est important, il peut :
– en rester dans l'état final du système, le **réactif** est alors en **excès**. C'est le cas du carbone $C_{(s)}$ dans l'exemple que nous avons pris ;
– être **entièrement consommé** au cours d'une transformation chimique, il est appelé **réactif limitant**. C'est le cas du dioxygène $O_{2(g)}$.

- Le réactif limitant impose l'arrêt de la transformation chimique du système. Des tests chimiques peuvent permettre de déterminer le réactif limitant.

- Les espèces présentes dans un système **qui ne participent pas à la transformation** sont appelées **espèces spectatrices** (le diazote N_2 dans le cas d'une combustion).

Les aliments que nous avalons permettent à nos cellules de fournir l'énergie nécessaire pour un effort. Quel lien pouvons-nous faire entre la respiration et la combustion d'une matière organique ?

I Modélisation d'une transformation chimique

1. Équation-bilan

- Pour modéliser une transformation chimique, nous utilisons une équation-bilan.

Dans une équation-bilan, on n'indique pas les espèces spectatrices.

- Dans une équation-bilan, on place les réactifs à gauche et les produits à droite.
- Les réactifs et produits sont séparés par une flèche → indiquant le sens de la transformation.
- Lors d'une transformation chimique, l'équation-bilan doit respecter deux principes de base :
  - conservation des éléments chimiques ;
  - conservation de la charge électrique.
- Les nombres placés devant les symboles chimiques sont appelés **nombres stœchiométriques**.

2. Équilibrer une équation-bilan

- Prenons l'exemple de la réaction de combustion du propane $C_3H_{8(g)}$, molécule organique issue du pétrole que l'on peut stocker dans des bouteilles de gaz.
- Une réaction de combustion d'une molécule organique consomme du dioxygène $O_{2(g)}$ (réactif) et produit de l'eau $H_2O_{(g)}$ et du dioxyde de carbone $CO_{2(g)}$.
- En indiquant les réactifs à gauche et les produits à droite, nous obtenons :

$$C_3H_{8(g)} + O_{2(g)} \rightarrow CO_{2(g)} + H_2O_{(g)}$$

- L'écriture de cette équation respecte la conservation de la charge (l'ensemble des espèces sont neutres), mais pas la conservation des éléments chimiques.

- Pour équilibrer cette équation, on commence par l'hydrogène et le carbone, on termine par l'oxygène :
– 3 carbones à gauche, un seul à droite, on multiplie $CO_{2(g)}$ par 3 ;
– 8 hydrogènes à gauche, deux à droite, on multiplie $H_2O_{(g)}$ par 4.

- Nous avons la situation suivante :

$$C_3H_{8(g)} + O_{2(g)} \rightarrow 3\ CO_{2(g)} + 4H_2O_{(g)}$$

Il nous reste à équilibrer l'oxygène : 2 oxygènes à gauche, 10 à droite (6 + 4). On multiplie $O_{2(g)}$ par 5.

- L'équation finale devient : $C_3H_{8(g)} + 5\ O_{2(g)} \rightarrow 3\ CO_{2(g)} + 4\ H_2O_{(g)}$

II Respiration et combustion

- Les réactions de combustion dégagent de la chaleur, ce sont des réactions exothermiques.

- Certaines réactions peuvent refroidir le milieu (réactions endothermiques), par exemple, comme lors de la dissolution de certains sels.

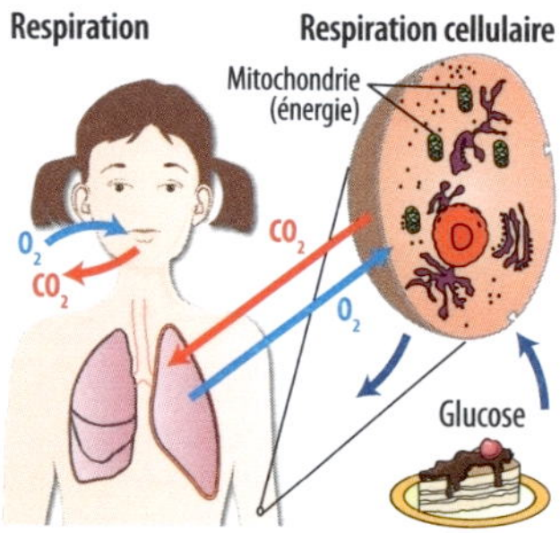

Lors de la respiration, nous consommons du dioxygène pour rejeter du CO_2 et de la vapeur d'eau H_2O.

- Les réactions qui n'impliquent pas de transfert de chaleur lors de la réaction sont des réactions athermiques.

- Lors d'une combustion, le dioxygène est l'un des réactifs de la réaction, et l'eau et le dioxyde de carbone les produits.

- La décomposition d'un glucide comme le glucose par le corps humain est une réaction de combustion : $C_6H_6O_6 + 6O_2 \rightarrow 6CO_2 + 6H_2O$.

- De même, des réactions qui font intervenir un acide ou une base sont en général des réactions exothermiques :
– action d'un acide sur une base : $H^+_{(aq)} + HO^-_{(aq)} \rightarrow H_2O_{(\ell)}$
– action d'un acide sur un métal : $2\ H^+_{(aq)} + Fe_{(s)} \rightarrow Fe^{2+}_{(aq)} + H_{2(g)}$

Choix d'un paquet de pâtes

- Les glucides des pâtes sont essentiellement constitués d'amidon transformé en glucose, de formule brute $(C_6H_{12}O_6)_n$, au cours de la digestion.

Nutriments	Valeurs énergétiques (en $kJ \cdot g^{-1}$)
Protides	17,8
Lipides	39,5
Glucides	17,1

- Afin d'aider un sportif avant une compétition, on veut comparer deux marques de pâtes afin de savoir laquelle apportera un apport énergétique plus important pour une masse équivalente. Les étiquettes sont les suivantes, pour 100 g de pâtes :

Nutriments	Marque 1 : masse (en g)	Marque 2 : masse (en g)
Protides	12	14
Lipides	1,5	2
Glucides	72,2	70,3

1. Équations-bilan.
a. Écrire l'équation-bilan de la réaction de combustion du glucose qui se déroule au sein de l'organisme.
b. On fait brûler du saccharose ($C_{12}H_{22}O_{11}$) au laboratoire. Écrire l'équation-bilan de cette combustion.
2. Cette réaction est-elle exothermique ou endothermique ?
3. En se basant sur un apport purement énergétique, quelles pâtes vaut-il mieux manger pour une portion de 150 g ?

Avant de commencer

▶ Lors d'une combustion, il y a consommation du dioxygène et production de vapeur d'eau et de dioxyde de carbone.

Équations-bilan

Bien vérifier qu'il y a autant de chaque élément de part et d'autre de la flèche.

Pour équilibrer une équation-bilan, il faut respecter la conservation de la charge et des éléments.

Pour le glucose : $C_6H_{12}O_{6(aq)} + 6\ O_{2(g)} \rightarrow 6\ CO_{2(g)} + 6\ H_2O_{(g)}$

Pour le saccharose : $C_{12}H_{22}O_{11(s)} + 12\ O_{2(g)} \rightarrow 12\ CO_{2(g)} + 11\ H_2O_{(g)}$

Avant de commencer

▶ La respiration, et donc la combustion du glucose, permet de maintenir la température du corps humain à 37 °C.

Réaction exothermique ou endothermique

Cette réaction dégage de la chaleur, la réaction est donc exothermique.

Avant de commencer

▶ Tenir compte de la valeur énergétique de chaque nutriment.

Valeur énergétique d'un aliment

Pour 100 g, nous avons respectivement :

– marque 1 : $E_1 = 12 \times 17{,}8 + 1{,}5 \times 39{,}5 + 72{,}2 \times 17{,}1 = 1\ 507$ kJ ;
– marque 2 : $E_2 = 14 \times 17{,}8 + 2 \times 39{,}5 + 70{,}3 \times 17{,}1 = 1\ 530$ kJ.

Pour 150 g, il faut faire une relation de proportionnalité :

– pour la marque 1 : $1\ 507 \times \frac{150}{100} = 2\ 261$ kJ ;

– pour la marque 2 : $1\ 530 \times \frac{150}{100} = 2\ 295$ kJ.

La portion de pâtes de la marque 2 apportera plus d'énergie.

ynthèse d'une espèce himique

Lors d'une synthèse, la molécule de l'espèce chimique est créée par réaction chimique. Les composés indésirables doivent être éliminés par des techniques de purification. De plus, nous devons vérifier que le composé a été bien synthétisé.

I Réaction de synthèse et chauffage à reflux

- Une réaction peut se modéliser par une équation-bilan (→ *voir fiche 19*).
- On **chauffe** souvent le mélange réactionnel pour **accélérer la réaction**. Le bain-marie évite de monter trop haut en température, évitant ainsi la détérioration de la molécule.
- On place au-dessus un **réfrigérant** de manière à **recondenser les vapeurs** et à éviter ainsi la perte des réactifs.

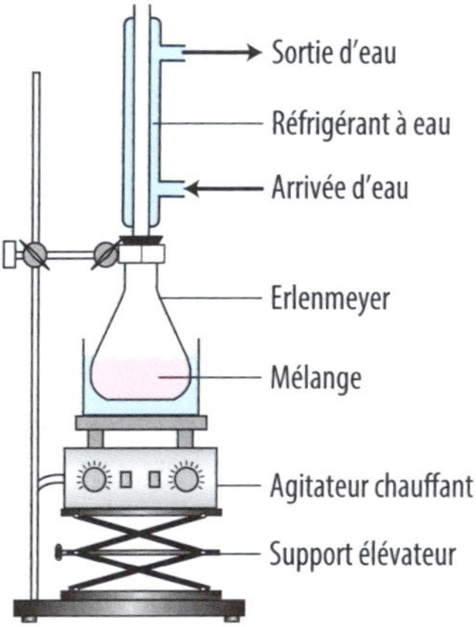

Chauffage au bain-marie et montage à reflux

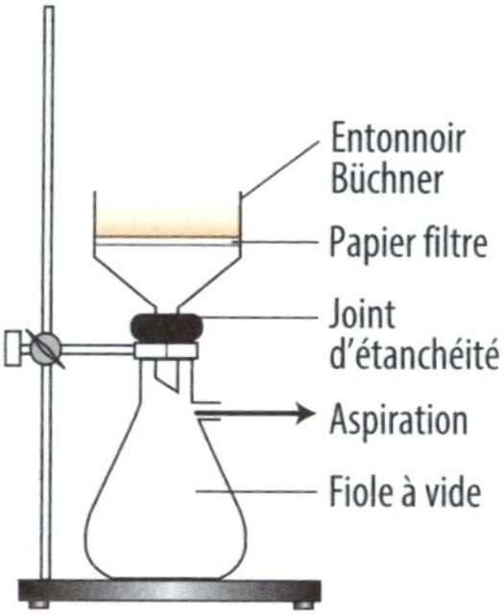

Filtration sous vide

- Ce type de montage (dispositif de chauffage + réfrigérant) s'appelle montage à reflux.
- On **refroidit** souvent le mélange à la fin de la réaction, **ce qui permet de cristalliser le produit**. La solubilité d'un composé dans un solvant diminue en général si la température diminue.

- **Si le produit de la réaction est solide**, on peut utiliser **une filtration sous vide** de manière à le séparer du reste des composés. Cette filtration est plus rapide qu'une filtration classique.
- Le coût de fabrication d'une molécule par synthèse chimique est nettement moindre par rapport à une extraction d'un végétal ou d'un animal.

II Purification et identification du produit

1. Purification du produit

- Le produit que nous avons synthétisé peut contenir des impuretés. Par exemple, il peut rester des réactifs dans la molécule synthétisée.
- Pour purifier un produit, on peut utiliser la **recristallisation** : le produit brut est solubilisé dans un solvant chaud. Lorsque le solvant refroidit, le produit recristallise, laissant les impuretés dissoutes dans le solvant.

2. Identification du produit

- L'identification du produit a deux rôles. Elle permet de savoir si le produit :
– a été bien synthétisé ;
– contient encore des impuretés.

Banc Köfler

- Plusieurs techniques d'identifications existent, comme la chromatographie sur couche mince (→ *voir fiche 1*) ou encore la mesure du point de fusion avec le **banc Köfler**.
- Le banc Köfler est composé d'une plaque chauffante présentant un gradient de température à sa surface. Il doit être allumé suffisamment à l'avance pour que sa température soit stable. La précision de l'appareil est de 2 °C.

Lecture d'un point de fusion sur le banc Köfler

- Avant toute utilisation, le banc doit être étalonné avec des composés connus dans la zone approximative où doit être effectuée la mesure du point de fusion.
- Si l'on mesure un point de fusion proche de la valeur théorique, on a bien synthétisé le composé.

Exercice commenté pas à pas

Synthèse du parfum de lavande

L'un des principaux constituants du parfum de lavande est l'acétate de linalyle. Pour réaliser cette synthèse, on introduit sous la hotte 5,0 mL d'anhydride acétique avec 5,0 mL de linalol dans un ballon.
On met en place un montage à reflux, et on porte le mélange réactionnel à ébullition douce pendant 30 min environ.

Données :

	Formule brute	Masse molaire ($g.mol^{-1}$)	État	Densité	Pictogramme de sécurité
Linalol	$C_{10}H_{18}O$	154	Liquide	0,90	
Anhydride acétique	$C_4H_6O_3$	102	Liquide	1,08	

1. Quelles verreries composent un montage à reflux ?
2. Écrire l'équation bilan de la réaction, sachant qu'il se forme de l'acide acétique ($C_2H_4O_2$) et de l'acétate de linalyle ($C_{12}H_{20}O_2$).
3. Déterminer les quantités de matière initiales en anhydre acétique et en linalol. Quel est, à priori, le réactif limitant ?
4. Une fois l'acétate de linalyle séparé du reste du mélange réactionnel, on réalise une chromatographie sur couche mince. À partir du chromatogramme, interpréter le résultat obtenu.

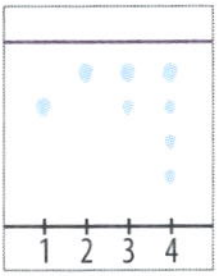

1 : Linalol
2 : Acétate de linalyle de référence
3 : Acétate de linalyle synthétisé
4 : Huile essentielle de lavande

Avant de commencer

▶ Ce montage doit permettre de chauffer le mélange réactionnel sans perdre les composés par évaporation.

➢ Montage à reflux

e mélange réactionnel est placé dans un ballon. Le chauffage est ssuré par un chauffe-ballon. On place au-dessus un réfrigérant permettant d'éviter de perdre les réactifs en les faisant repasser à l'état liquide.

Avant de commencer

▶ Lors d'une transformation chimique, il y a conservation des éléments chimiques et de la charge électrique.

Équation-bilan de la réaction de synthèse

$$C_{10}H_{18}O + C_4H_6O_3 \rightarrow C_{12}H_{20}O_2 + C_2H_4O_2$$

Avant de commencer

▶ Il faut utiliser la relation qui lie la quantité de matière au volume de l'espèce lorsque celui-ci est à l'état liquide.

Détermination des quantités de matière

Dans les deux cas, nous utilisons la relation suivante : $n = \frac{\rho \cdot V}{M}$.

Pour l'acide acétique : $n_1 = \frac{1,08 \cdot 5,0}{102} = 0,053$ mol.

Pour le linalol : $n_2 = \frac{0,90 \cdot 5,0}{154} = 0,029$ mol.

$n_1 > n_2$ et comme les nombres stœchiométriques sont tous égaux à 1, le linalol est donc le réactif limitant.

Avant de commencer

▶ Le nombre de taches indique le nombre de corps purs dans le mélange.

▶ Les taches à la même hauteur indiquent des composés identiques.

Interprétation du chromatogramme

La synthèse a permis de synthétiser l'acétate de linalyle puisque l'on obtient une tache au même niveau que le produit de référence. Cependant, le chromatogramme indique qu'il reste du linalol.
Le produit de synthèse n'est pas aussi riche que le composé de référence. L'huile essentielle contient de l'acétate de linalyle et du linalol mais aussi deux composés non identifiés.

Transformations physique et chimique

FICHE 23

TEST-BILAN

→ *Réponses au verso.*

1 Dans un fluide, l'espèce chimique peut être à l'état :

a. ☐ solide. b. ☐ liquide. c. ☐ gazeux.

2 Lors du changement d'état d'une espèce chimique, la température :

a. ☐ augmente. b. ☐ diminue.

c. ☐ reste constante.

3 L'espèce qui détermine l'arrêt de la réaction est :

a. ☐ le réactif limitant. b. ☐ le réactif en excès.

c. ☐ l'espèce spectatrice.

4 On met en contact une solution de nitrate d'argent (Ag^+, $NO^-_{3(aq)}$) en présence d'une solution de chlorure de sodium ($Na^+_{(aq)}$, $Cl^-_{(aq)}$). Il se forme un précipité de chlorure d'argent $AgCl_{(s)}$.

a. ☐ Ag^+, NO_3^-, Na^+, Cl^- et AgCl sont les réactifs.

b. ☐ Ag^+, NO_3^-, Na^+ et Cl^- sont les réactifs.

c. ☐ Ag^+, Cl^- sont les réactifs.

5 L'équation de la combustion complète de l'éthanol C_2H_6O est :

a. ☐ $C_2H_6O_{(\ell)} + 2\ O_{2(g)} \rightarrow 2\ CO_{2(g)} + 3\ H_2O_{(g)}$

b. ☐ $C_2H_6O_{(\ell)} + 3\ O_{2(g)} \rightarrow 2\ CO_{2(g)} + 3\ H_2O_{(g)}$

c. ☐ $C_2H_6O_{(\ell)} + 4\ O_{2(g)} \rightarrow 2\ CO_{2(g)} + 3\ H_2O_{(g)}$

6 Une réaction de combustion est une réaction :

a. ☐ exothermique. b. ☐ endothermique. c. ☐ athermique.

SCHÉMA-BILAN

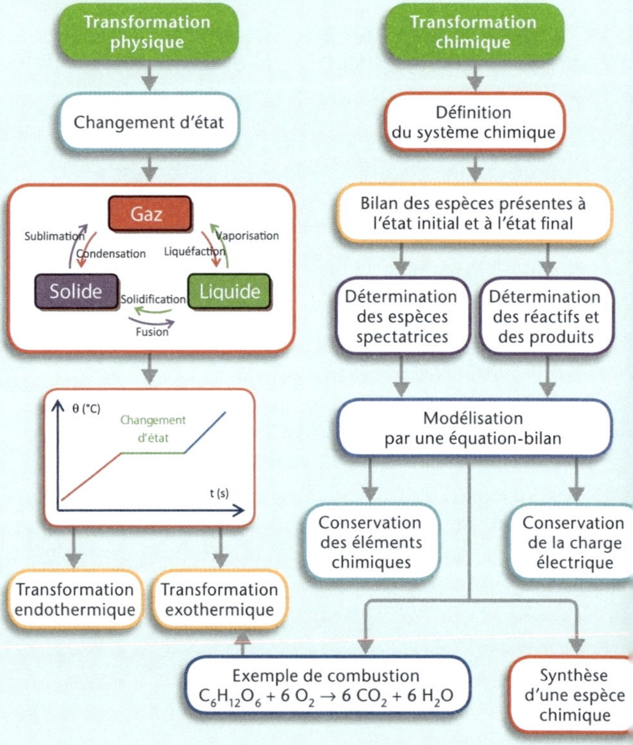

Réponses

❶ b et c – ❷ c – ❸ a – ❹ c – ❺ b – ❻ a.

otopie et transformation ıcléaire

FICHE 24

Les réactions nucléaires se produisent au niveau des noyaux des atomes. Les noyaux légers peuvent engendrer des réactions de fusion alors que les noyaux très lourds engendrent des réactions de fission. Les réactions nucléaires mettent en jeu des énergies très importantes.

I Notions d'isotopie

- Deux noyaux sont isotopes s'ils possèdent le même numéro atomique (ou le même nombre de protons) mais diffèrent par leur nombre de neutrons (ou leur nombre de nucléons).

- Deux isotopes possèdent les mêmes propriétés chimiques, ils appartiennent au même élément chimique, mais leur masse est différente.

Exemple : les différents isotopes du carbone sont :
– le carbone 12 ${}^{12}_{6}C$ qui contient 6 protons et 12 – 6 = 6 neutrons. C'est l'isotope le plus abondant ;
– le carbone 13 ${}^{13}_{6}C$ qui contient 6 protons et 13 – 6 = 7 neutrons ;
– le carbone 14 ${}^{14}_{6}C$ qui contient 6 protons et 14 – 6 = 8 neutrons.

Le carbone 14 est utilisé pour dater les objets d'origine animale ou végétale. Cet isotope est instable.

- Les isotopes de l'hydrogène portent des noms particuliers : deutérium pour ${}^{2}_{1}H$, tritium pour ${}^{3}_{1}H$.

II Réactions de fission et de fusion

- Pour décrire les transformations nucléaires, on reprend le modèle l'équation chimique :
${}^{A_1}_{Z_1}W + {}^{A_2}_{Z_2}U \rightarrow {}^{A_3}_{Z_3}X + {}^{A_4}_{Z_4}Y$ où W, U, X et Y sont des noyaux quelconques.

- Ces transformations vérifient deux lois de la conservation :
- conservation de la charge électrique : $Z_1 + Z_2 = Z_3 + Z_4$;
- conservation du nombre de nucléons : $A_1 + A_2 = A_3 + A_4$.

1. Réaction de fission

- Lors d'une fission, un noyau éclate en deux noyaux plus légers sous l'impact d'un neutron.

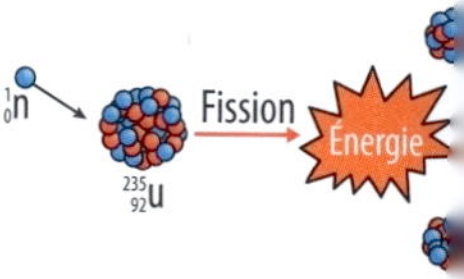

Schématisation d'une réaction de fis

- La fission nucléaire libère de l'énergie et des neutrons. Ces neutrons peuvent à leur tour provoquer d'autres réactions nucléaires.
- La fission concerne les noyaux lourds ($Z > 26$).
- Le noyau d'uranium peut se fissionner selon l'équation suivante :

$$^{235}_{92}U + {}^{1}_{0}n \rightarrow {}^{94}_{38}Sr + {}^{140}_{54}Xe + 2\,{}^{1}_{0}n$$

2. Réaction de fusion

- Lors d'une fusion, deux noyaux légers s'associent pour former un noyau plus lourd.

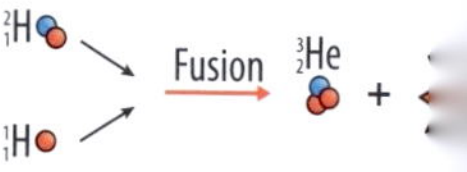

Schématisation d'une réaction de f

- La fusion nucléaire libère également de l'énergie et ne concerne que les noyaux légers ($Z < 26$).
- À part l'hydrogène et l'hélium, tous les éléments stables que l'on trouve sur Terre ont été synthétisés dans les étoiles.

3. Énergie dégagée lors de réactions de fission ou de fusion

- Le tableau ci-dessous présente une comparaison des énergies libérées entre les réactions nucléaires et les réactions chimiques.

Type de réaction	Nucléaire		Chimique	
	Fission	Fusion	Combustion du pétrole	Combustion du charbon
Énergie libérée	80×10^{9} J pour 1 g de $^{235}_{92}U$	400×10^{9} J pour 1 g $^{3}_{1}H$ / $^{2}_{1}H$	44×10^{9} J pour 1 tonne	25×10^{9} J pour 1 tonne

Ordre de grandeur des énergies libérées pour diverses réactions

Fission de l'uranium

Une centrale nucléaire fonctionne à l'uranium enrichi (3 % d'uranium 235 fissile et 97 % d'uranium 238 non fissile).
On considère que, par capture d'un neutron lent, le noyau subit la fission suivante :

$$^{235}_{92}U + ^{1}_{0}n \rightarrow ^{94}_{x}Sr + ^{139}_{54}Xe + y\,^{1}_{0}n$$

Données :

– masse molaire atomique de l'uranium 235 : $M = 235$ g.mol^{-1} ;
– constante d'Avogadro : $N_A = 6{,}02 \times 10^{23}$ mol^{-1} ;
– électronvolt : 1 eV = $1{,}602 \times 10^{-19}$ J ;
– énergie massique de fusion de l'eau $E_{fusion} = 333{,}55$ kJ.kg^{-1}.

1. Déterminer les valeurs de x et y pour équilibrer cette équation de réaction nucléaire de fission.
2. Cette réaction de fission libère une énergie de 180 MeV. Exprimer cette énergie libérée en joule.
3. En déduire l'énergie en joule libérée par une masse de 1,00 mg d'uranium 235, si on suppose que seule cette fission nucléaire ait lieu.
4. Quelle masse d'eau (à 0 °C) pourrait-on faire fondre avec 1 mg d'uranium 235, en supposant que toute l'énergie dégagée par la réaction de fission soit convertie en chaleur ?

Avant de commencer

▶ Lors d'une réaction nucléaire, il y a conservation de la charge électrique et du nombre de nucléons.

Équation de fission

n utilisant les lois de la conservation, nous obtenons :
$= 92 - 54 = 38$ et $y = 235 + 1 - 94 - 139 = 3$.
'équation de réaction nucléaire s'écrit alors :

$$^{235}_{92}U + ^{1}_{0}n \rightarrow ^{94}_{38}Sr + ^{139}_{54}Xe + 3\,^{1}_{0}n$$

Avant de commencer

▶ Utiliser les relations de proportionnalité.

▶ 1 Méga (symbole M) correspond à 10^6.

➔ Conversion de l'énergie en joule

Nous avons : 180 MeV = 180×10^6 eV.
Comme 1 eV correspond à $1{,}602 \times 10^{-19}$ J, nous obtenons :

$$E = 1{,}602 \times 10^{-19} \times 180 \times 10^6 = 2{,}88 \times 10^{-11}\ \text{J}.$$

Avant de commencer

▶ Il faut déterminer le nombre de noyaux d'uranium dans 1,00 mg.

▶ La constante d'Avogadro relie la quantité de matière avec le nombre d'entités contenues dans un échantillon.

➔ Énergie libérée par 1,00 mg de ^{235}U

On convertit la masse en gramme : 1,00 mg = $1{,}00 \times 10^{-3}$ g.
235 g d'uranium ^{235}U contient une mole soit $6{,}02 \times 10^{23}$ noyaux.
Le nombre de noyaux contenus dans cet échantillon sera donc :

$$N = \frac{1{,}00 \times 10^{-3}}{235} \times 6{,}02 \times 10^{23} = 2{,}56 \times 10^{18}\ \text{noyaux}.$$

Comme un noyau libère une énergie $E = 2{,}88 \times 10^{-11}$ J, $2{,}56 \times 10^{18}$ noyaux libèrent une énergie :

$$E = 2{,}56 \times 10^{18} \times 2{,}88 \times 10^{-11} = 7{,}38 \times 10^7\ \text{J}.$$

Avant de commencer

▶ La fusion correspond à un changement d'état : l'eau passe dans ce cas de l'état solide à l'état liquide.

➔ Fusion de l'eau

D'après les données, il faut une énergie 333,55 kJ, soit $333{,}55 \times 10^3$ J pour faire fondre 1 kg d'eau.

$$\frac{7{,}38 \times 10^7}{333{,}55 \times 10^3} = 221\ \text{kg}$$

La réaction de fission d'un échantillon de 1mg de ^{235}U permettrai[t] de faire fondre 221 kg d'eau.

Transformation nucléaire

TEST-BILAN

→ *Réponses au verso.*

1 Deux isotopes ont le même :

a. ☐ numéro atomique *Z*. b. ☐ nombre de nucléons *A*.

c. ☐ nombre de neutrons *N*.

2 Les noyaux $^{16}_{8}O$ et $^{18}_{8}O$:

a. ☐ appartiennent au même groupe chimique.

b. ☐ appartiennent au même élément chimique.

c. ☐ sont isotopes.

3 Pour équilibrer une réaction nucléaire, on utilise le principe de conservation :

a. ☐ du nombre de nucléons. b. ☐ de la charge électrique.

c. ☐ du nombre de neutrons.

4 À quel type de transformation appartient cette réaction ?

$$H_2O_{(l)} \rightarrow H_2O_{(g)}$$

a. ☐ Physique b. ☐ Chimique c. ☐ Nucléaire

5 À quel type de transformation appartient cette réaction ?

$$^{226}_{88}Ra \rightarrow \, ^{222}_{86}Ra + \, ^{4}_{2}He$$

a. ☐ Physique b. ☐ Chimique c. ☐ Nucléaire

6 Quels noyaux sont concernés par les réactions de fission ?

a. ☐ Les noyaux légers b. ☐ Les noyaux lourds

c. ☐ Tous les noyaux

7 Le plutonium peut se fissionner en yttrium et césium $^{241}_{94}Pu + ^{1}_{0}n \rightarrow ^{141}_{55}Cs + ^{98}_{39}Y + ??\,^{1}_{0}n$. Au cours de cette transformation il y a éjection de :

a. ▢ 1 neutron. b. ▢ 2 neutrons. c. ▢ 3 neutrons.

8 La réaction de fusion la plus simple à amorcer est la réaction entre le deutérium $^{2}_{1}H$ et le tritium $^{3}_{1}H$. L'équation de cette fusion est :

a. ▢ $^{2}_{1}H + ^{3}_{1}H \rightarrow ^{4}_{2}He + ^{1}_{0}n$ b. ▢ $^{4}_{2}He + ^{1}_{0}n \rightarrow ^{2}_{1}H + ^{3}_{1}H$

c. ▢ $^{2}_{1}H + ^{3}_{1}H \rightarrow ^{4}_{2}He$

9 Par rapport aux réactions chimiques, les réactions nucléaires dégagent une énergie :

a. ▢ similaire. b. ▢ très inférieure. c. ▢ très supérieure.

SCHÉMA-BILAN

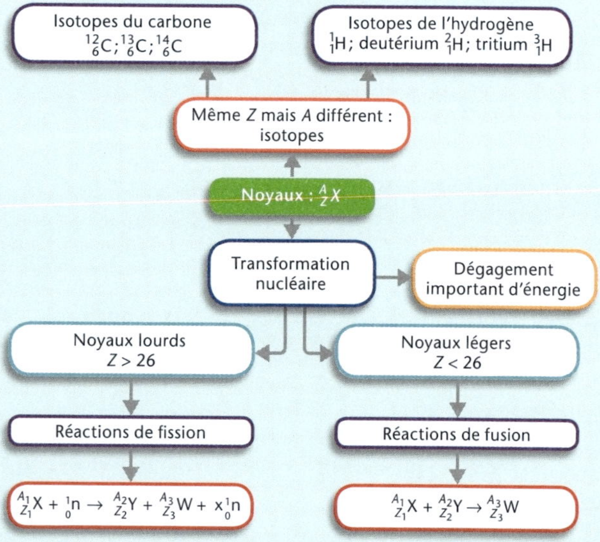

Réponses :

1 b – 2 b et c – 3 a et b – 4 a – 5 c – 6 b – 7 c – 8 a – 9 c.

chelle caractéristique 'un système

FICHE 27

Pour éviter d'utiliser un trop grand nombre de zéros, on peut employer l'écriture scientifique ou convertir la grandeur dans une autre unité. L'ordre de grandeur permet de comparer rapidement les grandeurs en physique.

I Les unités de longueur

- L'unité du système international est le mètre. Cependant, il existe d'autres unités pour exprimer une longueur. Ces grandeurs sont choisies en fonction de la taille des objets que l'on souhaite mesurer.
- Les multiples et les sous-multiples du mètre sont utiles également pour rendre compte de la taille des objets.

Puissance	10^{-15}	10^{-12}	10^{-9}	10^{-6}	10^{-3}	10^{3}	10^{6}	10^{9}	10^{12}
Préfixe	femto	pico	nano	micro	milli	kilo	méga	giga	téra
Symbole	f	p	n	µ	m	k	M	G	T

- Les systèmes peuvent avoir différentes échelles. En général, les systèmes impliquant des échelles spatiales impliquent de grandes échelles temporelles.

Exemples

– L'étude de l'évolution des étoiles situées à plusieurs années-lumière s'effectuent sur plusieurs millions d'années, voire plusieurs milliards d'années.
– Les protéines peuvent se replier spontanément en quelques millisecondes.

- Pour décrire les distances à l'intérieur de notre galaxie, l'année de lumière (symbole a.l.) convient mieux. 1 a.l. = $9{,}46 \times 10^{12}$ km.
- L'année de lumière (a.l.) est la distance parcourue par la lumière en une année, dans le vide.
- Dans le vide, la vitesse de la lumière est $c = 3{,}00 \times 10^{8}$ m.s^{-1}. C'est une **vitesse limite**, c'est-à-dire qu'**aucun objet ne peut dépasser cette valeur**.
- Dans un milieu homogène et isotrope, la lumière se déplace en ligne droite.

II Notation scientifique

1. Principe de la notation scientifique

• Pour décrire la taille de ces objets, on emploie la notation scientifique ; cela évite d'utiliser un trop grand nombre de zéros.

La notation scientifique est l'écriture d'un nombre sous la forme d'un produit : $a \times 10^n$, avec $1 \leq a < 10$, et n un nombre entier.

• La notation scientifique ou les puissances de 10 permettent :
– **d'éviter des erreurs de zéros** dans un résultat ;
– d'obtenir facilement **l'ordre de grandeur** ;
– de **connaître la précision du résultat**.

2. Ordre de grandeur

• L'ordre de grandeur d'une longueur est la puissance de 10 qui s'en rapproche le plus.

Exemples : le Soleil a un diamètre moyen de $1{,}39 \times 10^6$ km.
Son ordre de grandeur est de 10^6 km.
La Terre a un rayon de 6 370 km.
Son ordre de grandeur est de 10^4 km.

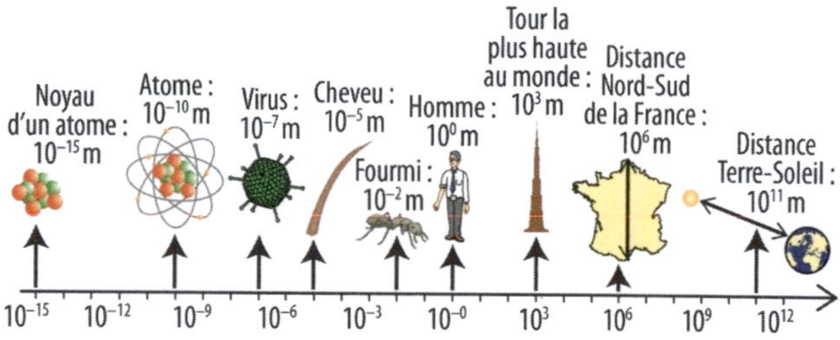

Ordre de grandeur de quelques objets constituant notre Univers

• L'ordre de grandeur permet :
– d'obtenir une idée du résultat d'un calcul sans faire ce calcul précisément ;
– une comparaison facile entre les tailles d'objets.

• Le **remplissage de l'espace** par la matière est **lacunaire**, aussi bien à l'échelle de l'atome qu'à l'échelle cosmique.

éférentiel et relativité u mouvement

FICHE 28

Les planètes se déplacent par rapport aux étoiles dans le ciel. Selon le point de vue choisi pour observer leur mouvement, leur trajectoire est plus ou moins complexe.

I Notion de référentiel

- Il faut d'abord **définir** le **système étudié**, c'est-à-dire **le corps ou le point** auquel on s'intéresse.
- Pour décrire le mouvement des objets il faut définir un **solide par rapport auquel on étudie le mouvement**. Cet objet est appelé le **référentiel**.

Exemple : lorsque l'on dit qu'une voiture roule à 80 km.h^{-1}, cela signifie que l'on étudie son mouvement par rapport à un point fixe de la route. Le point fixe de la route est dans ce cas le référentiel. La {voiture} est le système étudié.

- Pour étudier le mouvement des objets dans notre système solaire, on définit plusieurs types de référentiel.

→ **Terrestre**. Le solide de référence est le globe terrestre. Tout point à la surface de la Terre est fixe dans ce référentiel. On utilise ce référentiel pour l'étude des mouvements sur Terre.

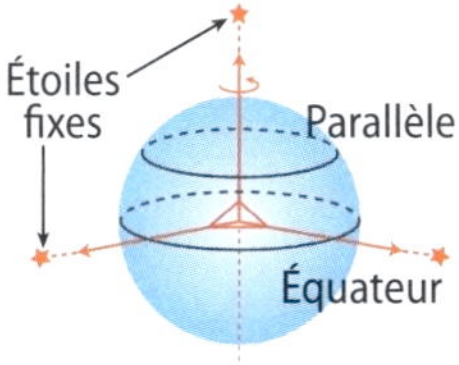

Référentiel géocentrique

→ **Géocentrique**. Le solide de référence est le centre de la Terre. Les axes sont dirigés vers trois étoiles lointaines considérées comme fixes. Ce référentiel est adapté à l'étude du mouvement des satellites autour de la Terre.

→ **Héliocentrique**. Le solide de référence est le centre du Soleil. Les axes sont dirigés vers trois étoiles fixes. Ce satellite est adapté à l'étude des planètes et des astéroïdes dans le système solaire.

Héliocentrique : modèle qui place le Soleil au centre du système étudié.
Géocentrique : modèle qui place la Terre au centre du système étudié.

II Caractéristation du mouvement et vitesse moyenne

- La trajectoire et la vitesse dépendent du référentiel choisi.
- Dans le référentiel géocentrique, le mouvement de Mars est plus complexe, la planète semble revenir en arrière.

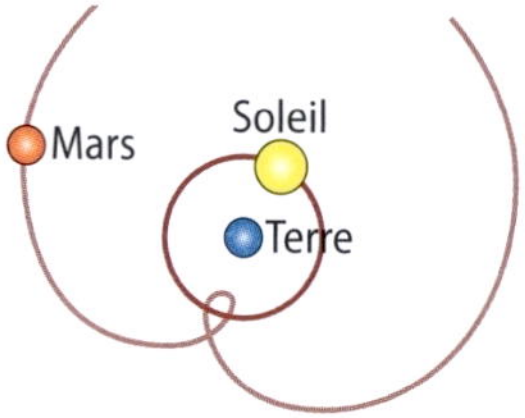

Trajectoire de Mars et du Soleil dans le référentiel géocentrique

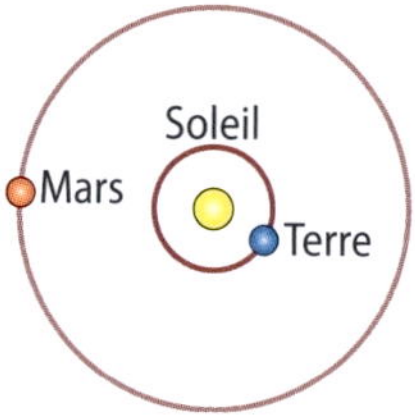

Trajectoire de Mars et de la Terre dans le référentiel héliocentrique

	Mouvement rectiligne	Mouvement circulaire	Mouvement curviligne
Trajectoire	Une droite	Un cercle	Quelconque
Direction du mouvement	Constante.	Change en chaque point.	Change sur les parties courbes de la trajectoire.
Vitesse – **Mouvement uniforme** : valeur constante de la vitesse			
Vitesse – **Mouvement varié** : la valeur de la vitesse change		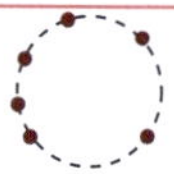	

- Dans un référentiel donné, la vitesse moyenne d'un point *M*, entre les positions A et B, est égale à la longueur du trajet AB divisée par la durée Δt pour parcourir AB : $v = \frac{AB}{\Delta t}$, avec *v* vitesse en $m.s^{-1}$; *AB* distance en m et Δt temps mis pour parcourir la distance *AB*.
- Dans la vie courante, les vitesses sont également exprimées en $km.h^{-1}$: **$1\ m.s^{-1} = 3{,}6\ km.h^{-1}$**.

Vecteur, déplacement d'un point et vecteur vitesse

FICHE 29

La **trajectoire et la vitesse** des objets dépendent du **référentiel choisi** (→ *voir fiche 28*). Les outils mathématiques et de simulation sont très utiles pour caractériser les mouvements et les vitesses.

1 Trajectoire d'un point en mouvement rectiligne

- Lors d'un mouvement rectiligne uniforme, le système se déplace en ligne droite et à vitesse constante. Le mouvement est varié dans le cas contraire.

Les coordonnées d'un vecteur $\overrightarrow{AB}$ se déterminent ainsi :

$$\overrightarrow{AB}\begin{pmatrix} x_B - x_A \\ y_B - y_A \end{pmatrix}$$

- En considérant un objet d'étude (le système) et un référentiel, on repère les positions successives à intervalle de temps Δt.
- Pour un mouvement rectiligne uniforme, le vecteur $\overrightarrow{MM'}$ est constant : $\overrightarrow{MM'} = \overrightarrow{cste}$. M et M' sont des points successifs séparés par un intervalle de temps Δt constant.
- Les sciences utilisent maintenant beaucoup la simulation et donc le langage de programmation comme Python.
- On peut simuler une trajectoire rectiligne uniforme sur Python. On considère que l'intervalle de temps choisi est $\Delta t = 0{,}100$ s) :

```
import matplotlib. pyplot
as plt
plt. grid(True)
x1 = [0, 1, 2, 3, 4, 5, 6, 7, 8]
y1 = [10, 9, 8, 7, 6, 5, 4,
3, 2]
plt. plot(x1, y1, « b »,
linewidth = 0.8, marker
= "*")
plt. xlabel('x (m)')
plt. ylabel('y (m)')
plt. show()
```

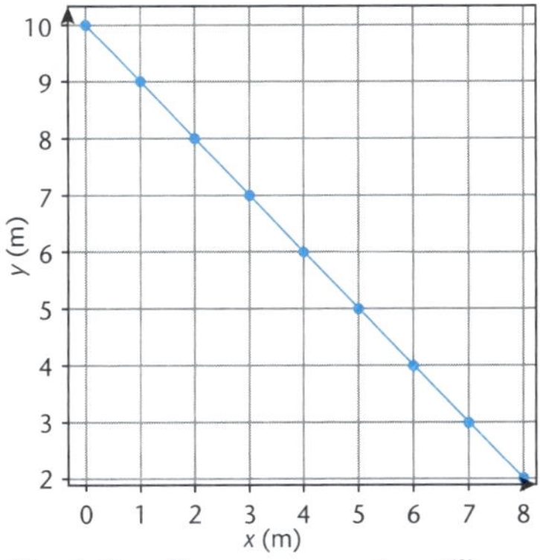

Simulation d'un mouvement rectiligne uniforme

• On constate sur la simulation que les points sont bien alignés et régulièrement espacés.

II Vitesse instantanée d'un point matériel

• À part pour les mouvements uniformes, la vitesse moyenne n'est pas identique à la vitesse instantanée.

• La vitesse instantanée $\overrightarrow{v_G}$ de déplacement d'un point G peut être définie par : $\overrightarrow{v_G} = \frac{\overrightarrow{MM'}}{\Delta t}$ avec $\overrightarrow{v_G}$ vitesse du point G en m.s^{-1} ; $\overrightarrow{MM'}$ M et M′ sont les positions successives à des instants voisins séparés de Δt en m ; Δt intervalle du déplacement en s.

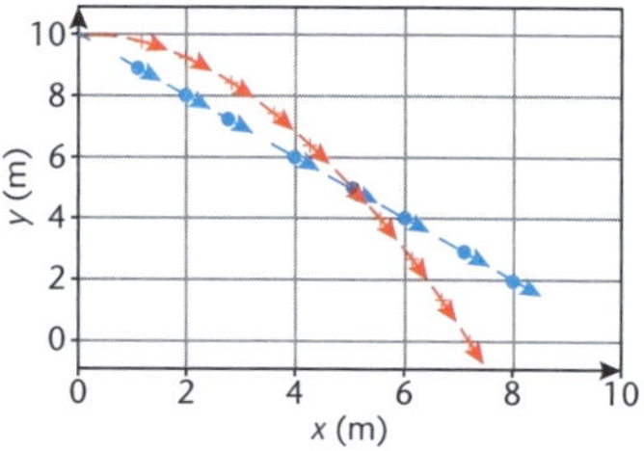

Représentation des vecteurs vitesse pour un mouvement rectiligne uniforme (en bleu) et pour un mouvement varié (en rouge)

• Les coordonnées du vecteur vitesse se détermineront ainsi :

$$\overrightarrow{v_G} = \left(\frac{x_{M'} - x_M}{\Delta t} ; \frac{y_{M'} - y_M}{\Delta t}\right)$$

• Ces vecteurs peuvent être représentés sous Python :

```
for i in range(len(x1)-1) :
    plt. annotate("", xy = ((x1[i+1]+x1[i])/2 + (x1[i+1]-x1[i]),
            (y1[i+1]+y1[i])/2 + (y1[i+1]-y1[i])),
        xytext = ((x1[i+1]+x1[i])/2, (y1[i+1]+y1[i])/2),
        arrowprops = dict(arrowstyle = « -|>, head_length = 1, head_width
=.5 »,
            color = 'blue', lw = 1))
```

• Les coordonnées du vecteur vitesse instantanée est tangent à la trajectoire et dans le même sens que le déplacement de l'objet.

• Le vecteur vitesse du point A est constant $\overrightarrow{v_A} = \overrightarrow{cst}$, caractéristique d'un mouvement rectiligne uniforme.

• Dans le cas d'un **mouvement varié**, **le vecteur vitesse peut changer** de **direction**, de **sens** et de **norme au cours du temps**, il **varie au cours du temps** (cas des vecteurs vitesse représentés en rouge).

Exercice commenté pas à pas

La Roue de Falkirk

La Roue de Falkirk est un ascenseur rotatif à bateaux, reliant un canal inférieur à un canal supérieur, près de la ville de Falkirk dans le centre de l'Écosse. L'ouverture de l'ascenseur en 2002 a permis le passage des bateaux d'un canal à l'autre.

Sur le schéma ci-contre, on repère à intervalle de temps régulier la position du point G lors de l'ascension d'un bateau qui se situe dans la roue ($\Delta t = 30$ s).
Échelle : 1 cm sur le schéma représente 4,0 m dans la réalité.

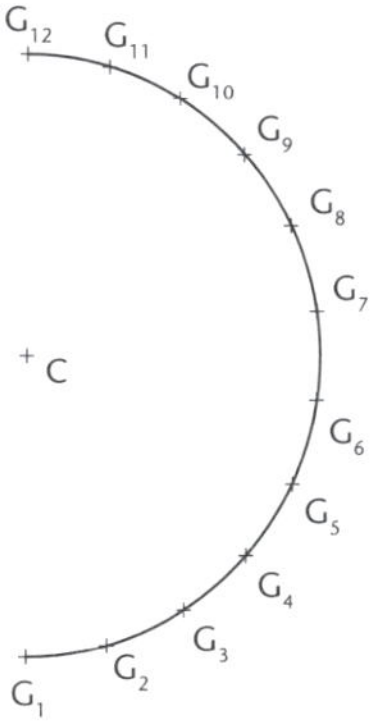

1. Quel est le référentiel d'étude ?
2. Caractériser le mouvement du bateau.
La vitesse moyenne du bateau dans l'ascenseur est-elle égale à la vitesse instantanée ?
3. Déterminer la vitesse entre les G_3G_4.
Représenter ce vecteur vitesse.
Échelle : 1 cm pour 0,05 $m.s^{-1}$.

Avant de commencer

▶ Le référentiel représente le point de vue de l'observateur.

Référentiel d'étude

Le mouvement est représenté dans le référentiel terrestre.

Avant de commencer

▶ Quelle trajectoire effectue le bateau ?

▶ Le mouvement est-il uniforme ou varié ?

→ Mouvement du bateau

La trajectoire est circulaire. En effet, les points sont situés sur un arc de cercle.
Les points sont régulièrement espacés, par conséquent le mouvement s'effectue à vitesse constante, il est donc circulaire uniforme.
Comme le mouvement est uniforme, la vitesse instantanée a la même valeur que la vitesse moyenne.

Avant de commencer

▶ Quelle est la longueur du segment G_3G_4 en tenant compte de l'échelle du schéma ?

▶ La vitesse instantanée se représente par un vecteur.

→ Vitesse du bateau dans la roue

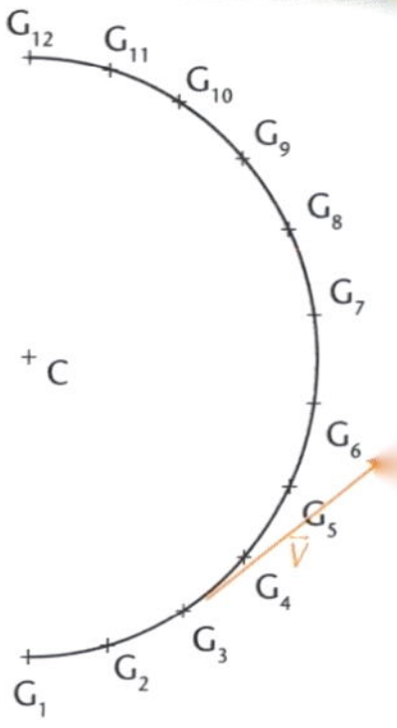

Le segment G_3G_4 a pour longueur 0,6 cm, ce qui correspond à une longueur de $0,6 \times 4 = 2,4$ m dans la réalité.
La vitesse instantanée entre les points G_3 et G_4 est donc :

$$\vec{v} \quad \frac{\overrightarrow{G_3G_4}}{\Delta t} \Leftrightarrow v \quad \frac{2,4}{30} = 0,080\,\mathrm{m{\cdot}s^{-1}}.$$

Il faut tenir compte de l'échelle pour représenter ce vecteur. La longueur de la flèche sera : $\frac{0,080}{0,05} = 1,6$ cm.

Ce vecteur a la même direction et le même sens que le vecteur $\overrightarrow{G_3G_4}$.
La représentation du vecteur $\vec{v}$ est donnée sur la figure ci-contre.

FICHE 31

Décrire un mouvement

TEST-BILAN

→ *Réponses au verso.*

1 Quel est le référentiel sous-entendu dans l'affirmation suivante : « la Terre tourne sur elle-même en 24 h » ?

a. ☐ Référentiel terrestre b. ☐ Référentiel géocentrique

c. ☐ Référentiel héliocentrique

2 Quel est le référentiel sous-entendu dans l'affirmation suivante : « le paysage défile à toute allure derrière les vitres du train » ?

a. ☐ Référentiel terrestre b. ☐ Référentiel géocentrique

c. ☐ Référentiel lié au train

3 Une roue de bicyclette fait un tour en 0,25 s. Le rayon de la roue mesure 35 cm. Quelle est la vitesse moyenne du vélo dans le référentiel terrestre ?

a. ☐ $1{,}4\ m.s^{-1}$ b. ☐ $140\ m.s^{-1}$ c. ☐ $8{,}8\ m.s^{-1}$

4 On repère le mouvement du centre de gravité dans le référentiel terrestre en repérant sa position à intervalle de temps régulier. Caractériser le mouvement dans ce cas.

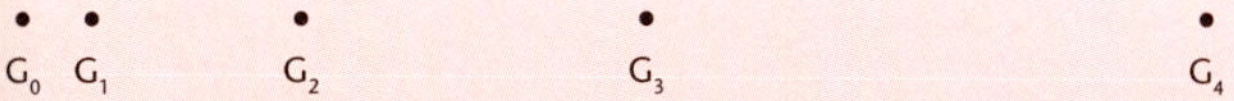

a. ☐ Rectiligne uniforme b. ☐ Varié uniforme

c. ☐ Rectiligne accéléré

5 Soit M et M′ la position de deux points successifs d'un objet séparés par un temps Δt. Quelle est l'expression du vecteur vitesse ?

a. ☐ $\vec{v} = \dfrac{\overrightarrow{MM'}}{\Delta t}$ b. ☐ $v = \dfrac{MM'}{\Delta t}$ c. ☐ $\vec{v} = \overrightarrow{MM'}\Delta t$

6 **Quelle est la bonne représentation du vecteur vitesse dans le cas d'un satellite en mouvement circulaire autour de la Terre ?**

a. ☐ 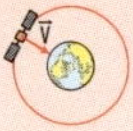

b. ☐ 

c. ☐ 

7 **Pour un mouvement rectiligne uniforme, le vecteur vitesse est :**

a. ☐ constant $\vec{v} = \overrightarrow{cst}$. **b.** ☐ varié $\vec{v} \neq \overrightarrow{cst}$.

c. ☐ égal à la vitesse moyenne.

SCHÉMA-BILAN

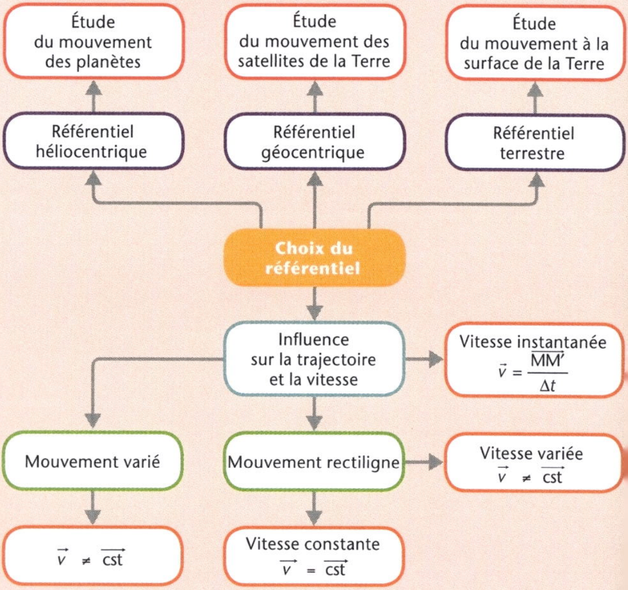

Réponses

1 b - 2 c - 3 c - 4 c - 5 a - 6 c - 7 a.

orces exercées ur un système

FICHE 32

Pour mettre en mouvement des objets, on doit effectuer des interactions. En physique, on parle de forces. Comment peut-on les modéliser ?

I Interactions et forces exercées sur un système

1. Choix du système

- On s'intéresse à une pierre de curling mise en mouvement par une joueuse. Notre système dans ce cas est la {pierre de curling} et le référentiel est terrestre.

Joueuse de curling lançant une pierre. 3 forces s'exercent sur la pierre représentées par des vecteurs

- Un système en mécanique est l'objet auquel on s'intéresse, il faut répertorier les forces extérieures agissant sur le système.
- Ainsi, les forces internes ne sont pas prises en compte. Le système est considéré comme un solide.
- En mécanique, un solide est un objet indéformable.

Exemple : une feuille déplacée sur une table sans être pliée peut constituer un solide, alors qu'une poutre déformée par le poids d'un éléphant n'est pas un solide dans ce cas.

2. Modélisation des forces

- La pierre subit plusieurs interactions :

– le poids (→ *voir fiche 33*) ;
– la réaction du support $\vec{R}$. En effet, la glace exerce une force empêchant la pierre de s'enfoncer dans le sol ;
– la force exercée par la main $\vec{F}$ permettant la mise en mouvement de la pierre.

- Choisir un système en mécanique est très important. En effet, les interactions n'auraient pas été les mêmes si l'on avait pris le système {joueuse}.
- Les interactions s'exerçant sur un système sont appelées forces en physique. La valeur d'une force s'exprime en newtons (N).

• La force, notée $\vec{F}$, est modélisée par un vecteur, elle est donc caractérisée par :

Attention à ne pas confondre la **direction** et le **sens**.

– une **direction** : la droite portée par le vecteur ;
– un **sens** : vers le bas, vers le haut, vers la gauche… ;
– une **norme**, notée F, qui s'exprime en newtons.

• Par exemple, la direction du poids est la droite verticale, le sens correspond à une flèche dirigée vers le bas.

• Le point d'application est aussi important.
On considère que :
– le poids a pour point d'application le centre de gravité de l'objet (→ *voir figure page 69*) ;
– la réaction du support est une force de contact. On peut modéliser cette force par un seul vecteur dont le point d'application se trouve au centre de la surface ;
– la force exercée par la main est une force de contact, on modélise cette force au niveau du contact entre la pierre et la main.

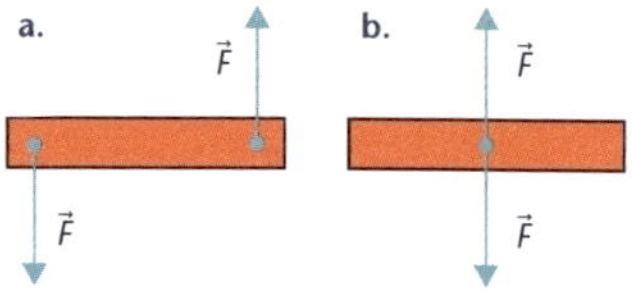

Importance du point d'application. Dans le cas *a*, il y a rotation de la barre ; elle est en équilibre dans le cas *b*.

II Effets d'une force

• Une force peut **mettre en mouvement** un objet : un coup de pied sur un ballon.

• Une force peut également **modifier la trajectoire** et **la vitesse** d'un objet : un ballon qui rebondit sur le sol.

• Un aimant placé à proximité d'une bille en acier modifie sa trajectoire et son vecteur vitesse $\vec{v}$.

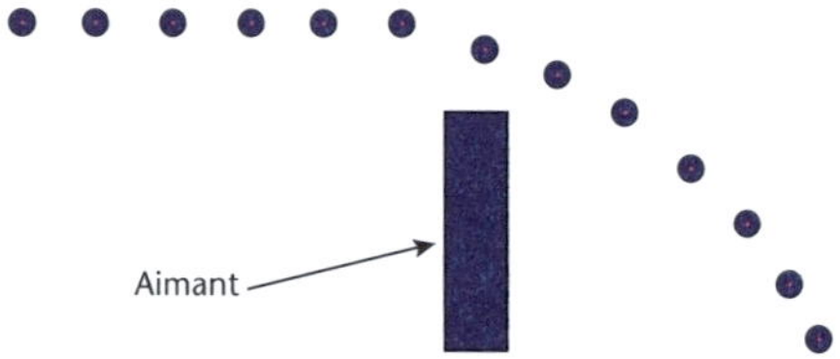

FICHE 33

teraction gravitationnelle

La seule force régissant le mouvement des astres dans notre système sol est l'interaction gravitationnelle. Newton, lorsqu'il énonça cette loi, permit à la fois d'expliquer la chute des corps sur Terre et le mouvement orbital des astres. C'est un exemple d'unification des forces.

I Énoncé de la gravitation universelle

- En physique, les interactions s'exerçant entre les objets sont modélisés par des forces. Une force est une grandeur qui se mesure en newtons (N).
- L'effet d'une force est qu'elle peut modifier le mouvement et/ou la valeur de la vitesse.
- La loi de la gravitation universelle a été énoncée par Newton au XVIIe siècle, elle explique que tous les corps ayant une masse s'attirent.

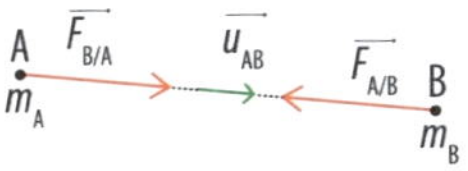

L'attraction gravitationnelle tend à faire rapprocher les deux masses

- On considère deux corps A et B de masse m_A et m_B, pouvant être assimilés à des points. Une distance AB les sépare.
- L'interaction gravitationnelle des forces $\overrightarrow{F_{A/B}}$ et $\overrightarrow{F_{B/A}}$ a la même intensité et a pour expression :

$\overrightarrow{F_{A/B}} = -G\frac{m_A \cdot m_B}{d_{AB}^2}\overrightarrow{u_{AB}}$ et $\overrightarrow{F_{B/A}} = +G\frac{m_A \cdot m_B}{d_{AB}^2}\overrightarrow{u_{AB}}$ avec $\overrightarrow{F_{A/B}}$ et $\overrightarrow{F_{B/A}}$ forces gravitationnelles en N ; G constante de gravitation, $G = 6{,}67 \times 10^{-11}$ N. m^2.kg^{-2} ; m_A et m_B masses des corps A et B en kg ; d_{AB} : distance entre les points A et B en m et $\overrightarrow{u_{AB}}$ vecteur unitaire orienté de A vers B (*voir schéma*).

- L'interaction gravitationnelle est une interaction toujours attractive, les forces $\overrightarrow{F_{A/B}}$ et $\overrightarrow{F_{B/A}}$ sont de sens opposés : $\overrightarrow{F_{A/B}} = -\overrightarrow{F_{B/A}}$.

On note souvent une force de la façon suivante : $\overrightarrow{F_{acteur/receveur}}$.
Ex. : $\overrightarrow{F_{vent/voile}}$ signifie que l'acteur (le vent) exerce une force sur le receveur de la force (la voile).
$\overrightarrow{F_{A/B}}$ signifie la force qu'exerce l'objet A sur le système B.

- La valeur de cette force est ainsi proportionnelle à la masse des deux corps et inversement proportionnelle au carré de la distance qui les sépare. Cette force est de portée infinie.
- Cette force est portée par la droite (AB) ; ces deux forces $\overrightarrow{F_{B/A}}$ et $\overrightarrow{F_{A/B}}$ s'exercent sur les points A et B respectivement.
- Dans notre Univers, le mouvement des astres est régi par une seule force : **l'interaction gravitationnelle**.

II Poids des objets

- On s'intéresse aux corps dans le voisinage immédiat de la Terre. Ainsi, l'expression de l'interaction gravitationnelle sera à chaque fois :

$$F = G\frac{m \cdot m_T}{R_T^{\,2}} = m \cdot g_T \Leftrightarrow g_T = G\frac{m_T}{R_T^{\,2}}$$

- g_T se nomme **intensité de pesanteur** et s'exprime en $N \cdot kg^{-1}$. $g_T = 9{,}81\ N \cdot kg^{-1}$ à Paris.
- **La force d'attraction gravitationnelle exercée par la Terre** sur un objet dans son voisinage immédiat se nomme **le poids $\vec{P}$**.

La masse est indépendante du lieu choisi, en revanche, le poids dépend du lieu.
Que ce soit sur la Lune ou sur Terre, 1 kg de riz contiendra toujours le même nombre de grains de riz, mais le sachet paraîtra plus léger sur la Lune.

- Le poids $\vec{P}$ dépend de la masse de l'objet considéré : $\vec{P} = m\vec{g}$ avec $\vec{P}$ poids de l'objet en N ; m masse de l'objet en kg et $\vec{g}$ intensité de pesanteur en $N.kg^{-1}$ ($g = 9{,}81\ N.kg^{-1}$ à Paris).
- Ainsi sur n'importe quel astre, on peut définir une intensité de pesanteur. Par exemple, sur la Lune, son expression est : $g_{Lune} = \frac{G \cdot M_{Lune}}{R_{Lune}^{\,2}}$. Si on effectue l'application numérique, on trouve : $g_{Lune} = 1{,}6\ N \cdot kg^{-1}$. Ainsi, l'intensité de pesanteur sur la Lune est six fois moindre que sur Terre.
- La Terre n'est pas une sphère parfaite, mais aplatie aux pôles. La valeur du poids sur Terre dépend légèrement du lieu où se trouve le corps. Les valeurs de g permettent de montrer qu'une personne a un poids plus faible à l'équateur qu'aux pôles.

	g ($N.kg^{-1}$)
Paris	9,81
Équateur	9,78
Pôles	9,83

Exercice commenté pas à pas

Comète Churyumov-Gerasimenko

En 2004, la sonde européenne Rosetta a réalisé un long voyage de 10 ans pour aller explorer la comète Churyumov-Gerasimenko, dont elle s'est approchée au cours de l'année 2014.
Le 12 novembre 2014, Rosetta a lâché un petit robot nommé Philae sur la comète. On a entendu à cette occasion la phrase vulgarisatrice : « le robot Philae qui pèse 100 kg sur Terre ne pèse que 1 g sur Tchouri. »

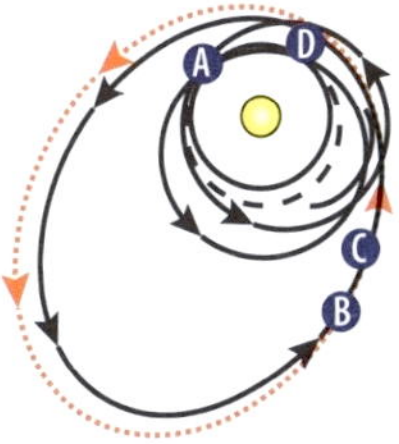

1. Dans quel référentiel est représenté le schéma ? Pourquoi est-ce important de le définir ?
2. Quelle confusion est commise dans la dernière phrase du document 1 ? Qu'a voulu dire exactement l'auteur de cette phrase ? En déduire le rapport des intensités de pesanteur.
3. Estimer la masse de la comète.
Données : $G = 6{,}67 \times 10^{-11}$ N·m²·kg⁻² ; la comète est assimilable à une sphère de rayon 2 km. À Paris, $g = 9{,}81$ N·kg⁻¹.

Avant de commencer

► Se rappeler de la définition de référentiel.

Importance du référentiel

La trajectoire est représentée dans le référentiel héliocentrique. Quand on modifie le référentiel, la trajectoire et la vitesse du système étudié sont modifiées.

Avant de commencer

▶ Quelle différence y a-t-il entre poids et masse ?

Poids et masse

Il y a dans le texte une confusion entre le poids et la masse. La masse ne dépend pas du lieu choisi : le robot Philae a la même masse de 10 kg sur Terre comme sur la comète. En revanche, la gravité que subit le robot est beaucoup plus petite. L'auteur a voulu dire que la gravité était $\frac{100}{0,001} = 10^5$ fois plus faible sur la comète. Il a pris cette image pour pouvoir se faire comprendre du grand public.

Avant de commencer

▶ Quelle est la relation pour déterminer l'intensité de pesanteur g ?

Estimation de la masse de la comète

La gravité est 10^5 fois plus faible que sur Terre donc $g_{\text{comète}} = 9,8/10^5 = 9,8 \times 10^{-5}$ N.kg^{-1}.

$$g_{\text{comète}} = G\frac{M_{\text{comète}}}{R^2_{\text{comète}}} \Leftrightarrow M_{\text{comète}} = g_{\text{comète}} \cdot \frac{R^2_{\text{comète}}}{G}$$

$$M_{\text{comète}} = 9,8 \times 10^{-5} \times \frac{(2,00 \times 10^3)^2}{6,67 \times 10^{-11}} = 5,9 \times 10^{12} \text{ kg}$$

Lors d'un calcul, penser à convertir les unités dans le système international, soit les masses en kg et les distances en mètres.

Dans de nombreux sports, on doit lancer une balle qui doit atteindre son but : on met en évidence l'adresse du sportif (basket, golf...). Comment relier le mouvement du sportif ou de la balle avec le bilan des forces du système choisi ?

I Principe d'inertie

1. Importance de la masse

- L'effet d'une force dépend de la masse du système : l'effet d'une force est d'autant plus grand que la masse est faible.

Exemple : en donnant un coup de pied de façon identique, on peut appliquer la même force sur un ballon de football et sur un ballon de basket. Cependant, on enverra plus loin le ballon de football que le ballon de basket, car ce dernier a une masse plus importante.

Cette propriété permet d'expliquer pourquoi la Terre tourne autour du Soleil et non l'inverse, bien que l'interaction gravitationnelle soit identique pour les deux astres.

- La résistance qu'oppose un objet à la modification de son mouvement représente son inertie. L'inertie est donc liée à la masse du système.

2. Importance de la masse

- Énoncé du principe d'inertie : tout corps reste immobile ou en mouvement rectiligne uniforme si les forces qui s'exercent sur lui se compensent ($\Sigma\overrightarrow{F_{ext}} = \vec{0}$). Réciproquement, si un corps subit des forces qui se compensent, alors il reste immobile ou en mouvement rectiligne uniforme.
- En termes de forces, l'immobilité est la même chose que le mouvement rectiligne uniforme.
- Si les forces ne se compensent pas ($\Sigma\overrightarrow{F_{ext}} \neq \vec{0}$), l'objet n'est ni immobile ni en mouvement rectiligne uniforme. Il possède alors une trajectoire variée.

• La réciproque est également vraie, si le système a une trajectoire variée, alors les forces qui s'exercent sur le système ne se compensent pas ($\Sigma\overrightarrow{F_{ext}} \neq \vec{0}$).

II Cas d'une chute libre à une dimension

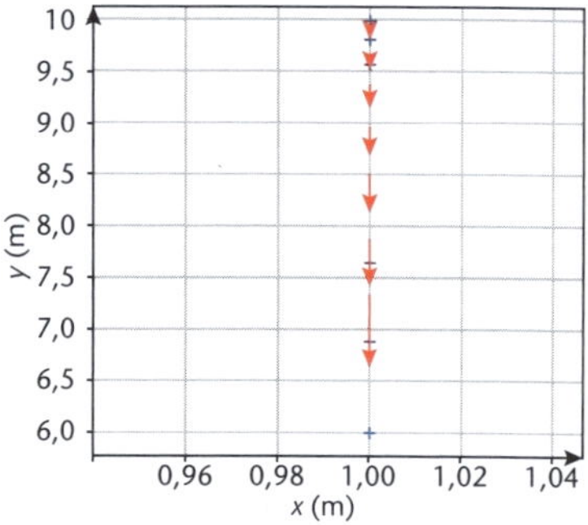

Simulation réalisée avec Python, d'un objet en chute libre sans vitesse initiale. La vitesse est représentée en rouge : elle varie dans la même direction que le poids

• On s'intéresse au mouvement d'une balle de tennis lâchée sans vitesse initiale.

• On a représenté ci-contre le mouvement de la balle ainsi que sa projection sur l'axe horizontal et vertical (indiquée par des tirets).

• Le **système** est donc **{la balle}** et on étudie son mouvement dans le **référentiel terrestre**.

• Les forces qui s'exercent sur le système sont :
– le poids $\vec{P}$ (direction verticale, sens vers le bas, valeur $P = m \cdot g$) ;
– les autres forces sont négligées (forces de frottements…).

• L'objet est donc en chute libre : un objet soumis qu'à son propre poids $\vec{P}$ est en chute libre.

• D'après la simulation réalisée sur Python, on constate que le mouvement est rectiligne accéléré sur l'axe vertical.

• Ainsi, le principe d'inertie est respecté puisque les forces ne se compensent pas sur l'axe vertical (le poids de la balle agit), le mouvement est varié : $\vec{v} \neq \overrightarrow{cst}$.

• Aucune ne force s'exerce sur l'axe horizontal, le mouvement est rectiligne uniforme : $\vec{v} = \overrightarrow{cst}$.

• D'une façon générale, si les forces ne se compensent pas ($\Sigma\overrightarrow{F_{ext}} \neq \vec{0}$), l'objet possède une trajectoire variée : la variation de la vitesse est colinéaire à $\Sigma\overrightarrow{F_{ext}}$.

Exercice commenté pas à pas

Disciplines du parachutisme

Grâce aux progrès réalisés dans les matériaux, le vol à voile est devenu précis et plusieurs disciplines se sont développées. On donne l'évolution de la vitesse d'un homme parachutiste (70 kg avec son matériel), lors de son saut afin de réaliser un atterrissage de précision. Le saut est composé de deux phases : avant et après ouverture du parachute. L'instant $t = 0$ est pris au moment où il débute son saut et quitte l'avion.

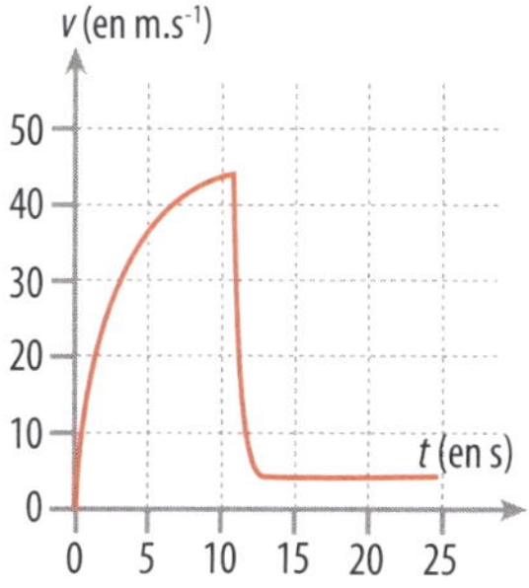

1. À quel instant le parachutiste a-t-il ouvert son parachute ?
2. Première phase du saut (avant ouverture du parachute).
Représenter ces deux forces sur un schéma en respectant le principe d'inertie.
3. Deuxième phase du saut (après l'ouverture du parachute).
a. À partir de quel instant peut-on dire que les forces se compensent ? Réaliser un schéma illustrant vos propos.
b. Déterminer alors la valeur des forces de frottements qui s'exercent sur la voile du parachute.
Donnée : intensité de la pesanteur : $g = 9,81\ N \cdot kg^{-1}$.

Avant de commencer

► Que se passe-t-il au niveau du parachutiste lorsqu'il ouvre la voile ?

Lecture graphique

ors de l'ouverture de la voile, la vitesse est brutalement modifiée. ;raphiquement, nous lisons une ouverture de parachute à = 11 s.

Avant de commencer

► Quelles sont les deux forces qui s'exercent sur le parachutiste ?

► Lors de cette phase, la vitesse est-elle constante ?

→ Forces exercées sur le parachutiste avant l'ouverture

Les deux forces qui s'exercent sur le parachutiste sont le poids $\vec{P}$ et les forces de frottements $\vec{f}$. Le mouvement étant accéléré, cela signifie que les forces ne se compensent pas et que la valeur du poids est supérieure à celle des forces de frottements.

Avant de commencer

► Quel est le principe d'inertie ?

► Quelle est la conséquence d'un mouvement rectiligne uniforme ?

→ Application du principe d'inertie

Deux vecteurs qui s'annulent signifient que leur flèche est de même longueur, leur norme est alors identique.

À partir de $t = 14$ s, on peut considérer que la vitesse n'évolue plus : les forces se compensent. D'après le principe d'inertie, si le mouvement est rectiligne uniforme, alors les forces se compensent : $\vec{P}+\vec{f}=\vec{0}$.
Voir schéma ci-dessous.
$f = P$ comme les forces se compensent.
$f = mg = 687$ N.
Les forces de frottement sont de 687 N.
Ainsi, le fait d'ouvrir la voile a fait augmenter les frottements avec l'air, réduisant ainsi la vitesse du parachutiste.

Modélisation d'une action et principe d'inertie

FICHE 37

TEST-BILAN

→ *Réponses au verso.*

1 Le système, lors d'une étude en physique, est :

a. ☐ le solide par lequel on étudie le mouvement.

b. ☐ le solide objet de notre étude.

c. ☐ le référentiel terrestre.

2 Une boule immobile posée sur le sol subit :

a. ☐ une force : son poids.

b. ☐ deux forces : son poids et la réaction du support.

c. ☐ trois forces : son poids, la réaction du support et les frottements avec l'air.

3 Pour caractériser un vecteur, il faut indiquer :

a. ☐ la direction. b. ☐ le sens. c. ☐ la norme.

4 Sur la modélisation ci-dessous, la vitesse du système :

a. ☐ diminue.

b. ☐ reste constante.

c. ☐ augmente.

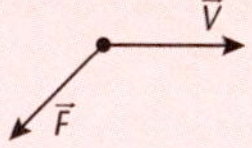

5 On représente ci-dessous, à intervalle de temps régulier, par un point, le départ d'une formule 1. On considérera que la trajectoire de la voiture est rectiligne.

On peut considérer que les forces se compensent à partir du point :

a. ☐ G_1 b. ☐ G_2 c. ☐ G_3

6 En reprenant l'énoncé de la question précédente, quelle est la bonne représentation des forces ?

On note : $\vec{P}$ le poids, $\vec{R}$ la réaction de la route, $\vec{F}$ la force exercée par le moteur de la formule 1, $\vec{f}$ les forces de frottements (route + air).

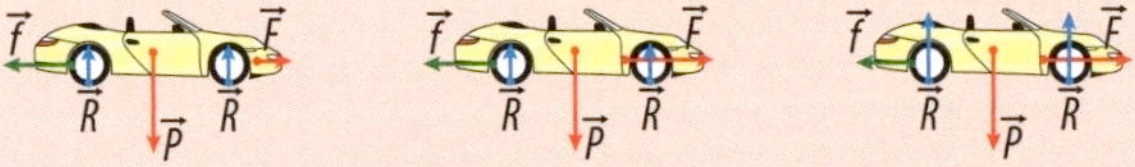

a. ☐ b. ☐ c. ☐

SCHÉMA-BILAN

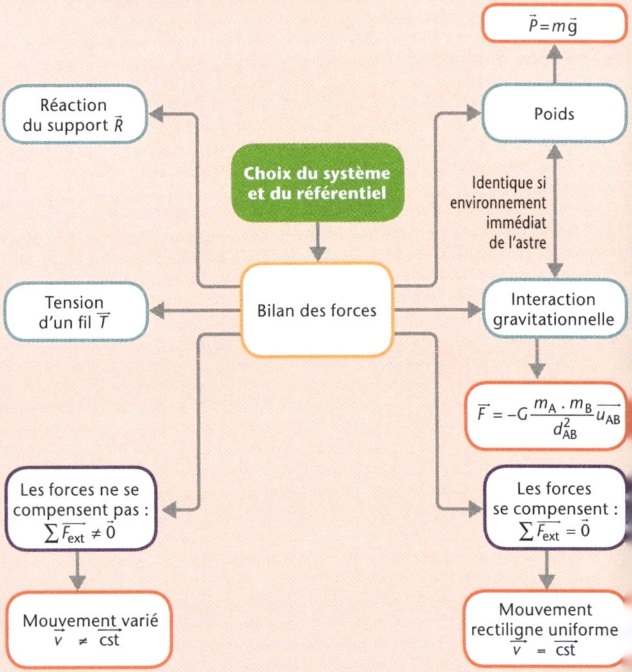

Réponses

1 b – 2 b – 3 a, b et c – 4 a – 5 c – 6 c.

·opagation d'une onde sonore

FICHE 38

Les instruments de musique produisent des sons ayant des sonorités différentes. Le son produit se propage grâce aux vibrations des molécules d'air jusqu'à nos oreilles avec une vitesse qui dépend du milieu.

I Production d'un son

- Les ondes sonores sont des ondes mécaniques, elles nécessitent un milieu matériel pour se propager, elles ne peuvent pas se propager dans le vide.
- Une onde sonore est la propagation de proche en proche de la vibration des entités d'un milieu matériel autour de leurs positions d'équilibre.
- Pour produire un son, un instrument de musique doit vibrer et émettre. Un instrument de musique traditionnel vibre, en général, sous une excitation mécanique.

Schéma d'une guitare classique

Exemple : lorsque l'on pince une corde de guitare, plusieurs phénomènes entrent en jeu :

- la vibration de la corde ;
- la propagation des vibrations à travers le bois de la guitare ;
- la vibration de l'air contenu dans la caisse de résonance ;
- la propagation de ces vibrations de l'air jusqu'à l'oreille.

Pour amplifier les sons, la caisse de résonance peut avoir diffé-entes formes.

La longueur d'une corde vibrante ou d'un tuyau sonore est une ·çon simple de sélectionner une fréquence particulière.

I Mesure de la vitesse du son

Pour mesurer la vitesse de propagation d'une onde sonore, on ·eut utiliser le dispositif décrit sur le schéma ci-après :

– un clap sonore est produit dans l'axe de détection des microphones 1 et 2 ;
– le microphone 1 est relié à la voie 1 de l'oscilloscope, le microphone 2 à la voie 2 ;
– le clap sonore est détecté avec un retard τ entre les deux voies de l'oscilloscope.

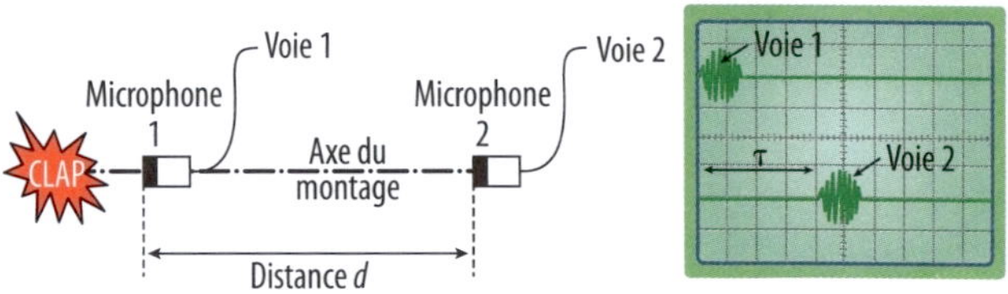

Montage expérimental permettant de mesurer la vitesse de propagation d'une onde sonore et visualisation des signaux détectés sur l'écran d'un oscilloscope

• La vitesse de propagation d'une onde sonore se détermine ainsi :
$V = \dfrac{d}{\tau}$ avec V vitesse de propagation de l'onde sonore en m.s^{-1} ; d distance entre les microphones 1 et 2 en m et τ retard mesuré entre les deux microphones en s.

• La vitesse de propagation d'une onde sonore dépend de la nature du milieu et de paramètres comme la température et la pression.

Milieu de propagation	Air à température ambiante	Eau	Acier
Vitesse de propagation (m.s^{-1})	340	$1,5 \times 10^3$	$5,6 \times 10^3$ à $5,9 \times 10^3$

• Cette vitesse de propagation est plus rapide que nos moyens de locomotion ordinaire $V_{son} \approx 1\,200$ km. h^{-1}, cependant elle est beaucoup plus faible que celle de la lumière :

$$\frac{V_{son}}{V_{lumière}} = \frac{340}{3,00 \times 10^8} \approx 10^{-6}$$

ignal sonore périodique t niveau sonore

FICHE 39

Les notes produites par les instruments de musique sont des signaux périodiques. La complexité du signal nous renseigne sur la couleur de la note, c'est-à-dire son timbre. Les sons forts peuvent être dangereux pour l'oreille, il est donc important de connaître le niveau sonore des objets ou des endroits très bruyants.

I Période et fréquence

- Un signal est périodique si un motif se répète à intervalle régulier.
- La période T d'un phénomène périodique est la plus petite durée au bout de laquelle ce phénomène se répète. Elle s'exprime en secondes.
- On peut également évaluer le **nombre de fois où un phénomène périodique se reproduit par seconde** ; on parle dans ce cas de **fréquence**.
- La fréquence f est l'inverse de la période : $T = \frac{1}{f}$ avec T période du signal (en s) et f fréquence du signal sonore (en Hz).
- L'être humain peut entendre les sons entre **20 Hz et 20 kHz**. En dehors ce domaine, on définit les **infrasons** ($f < 20$ Hz) et **ultrasons** ($f > 20$ kHz).

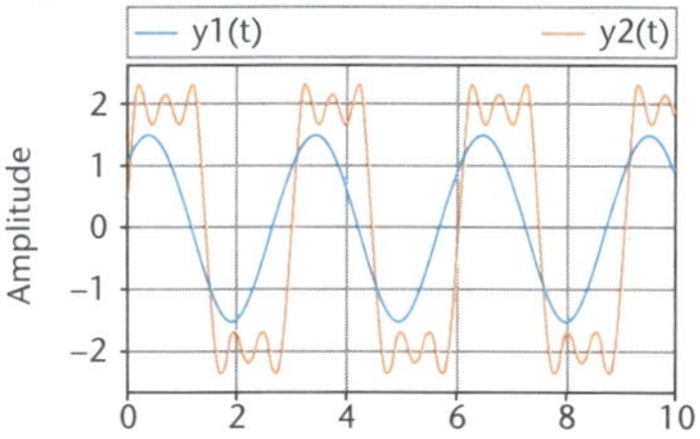

En bleu, signal simple, le timbre est pauvre.
En orange, signal plus complexe, le timbre est plus riche.

- La hauteur d'une note correspond à la fréquence du son joué.

Plus la fréquence d'une note est élevée, plus le son est aigu, et ıversement, un son grave correspond à une fréquence basse.

Le timbre correspond au caractère ou à la qualité du signal sonore. lus la forme du signal est complexe, plus le timbre est riche.

II Niveau sonore

- Plus l'amplitude de l'onde est importante, plus le niveau sonore de l'onde est important.
- Le niveau sonore L d'un son est lié à la puissance acoustique. Il s'exprime en décibels acoustiques (dB_A) et se mesure avec un sonomètre.
- Le décibel acoustique est une échelle non linéaire : si la puissance d'une source est multipliée par 10, le niveau sonore est augmenté de 10.
- Le tableau suivant donne quelques valeurs indicatives du niveau sonore :

Situation	Niveau sonore (dB_A)
Chambre	30
Conversation	50 à 70
Moto à 1 m	80 à 90
Marteau piqueur à 1 m	110
Avion à 1 m	120 à 130

- Le diagramme de Fletcher indique les courbes d'égale sensibilité de l'oreille humaine : les lignes donnent les mêmes niveaux de sensation auditive.
- Selon la fréquence, un son n'est pas perçu de la même façon : un son à 40 dB ou à 50 Hz n'est pas perçu, alors qu'il est détecté à 300 Hz.
- L'oreille est très sensible pour des fréquences autour de 3 000 Hz. Ce sont aussi les sons les plus douloureux.
- Un son de niveau sonore 40 dB_A ne sera pas perçu par l'oreille humaine, il le deviendra à 100 Hz.

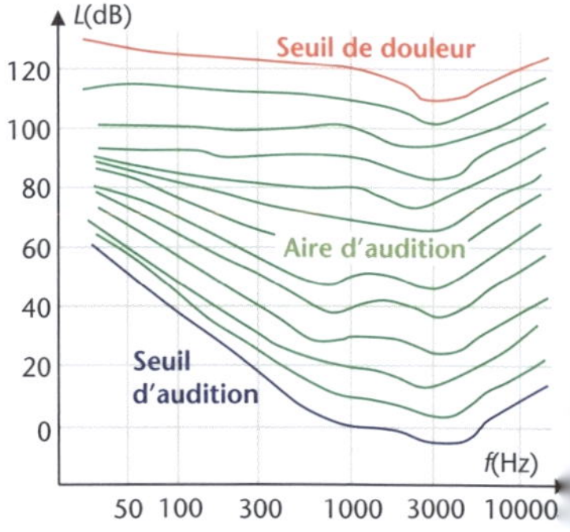

Diagramme de Fletcher donnant les courbes d'égale sensation auditive

- Le son devient douloureux lorsque le niveau sonore atteint 120 dB

Instruments à vents

La clarinette et la flûte à bec sont deux instruments à vent appartenant à deux familles différentes. La tessiture d'un instrument représente l'ensemble des notes qu'il est capable d'émettre. Les tessitures pour chaque instrument sont données dans le tableau ci-dessous :

Instrument	Flûte à bec soprano	Flûte à bec alto	Flûte à bec ténor	Flûte à bec basse	Clarinette
Gamme de fréquences émises	523,2 Hz à 2 092,8 Hz	349,2 Hz à 1 396,8 Hz	261,6 Hz à 1 046,4 Hz	174,6 Hz à 698,4 Hz	146,9 Hz à 1 975,6 Hz

On donne les valeurs de fréquence pour quelques notes :

Note	Do	Ré	Mi	Fa	Sol	La	Si
f (Hz)	262	294	330	349	392	440	494

On a enregistré le son d'un instrument que l'on a représenté ci-dessous.

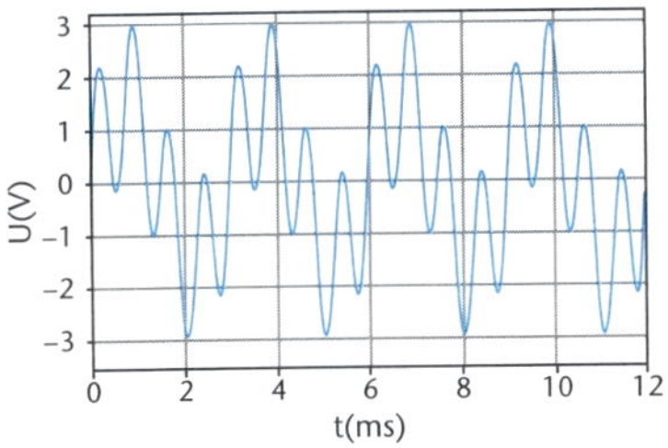

1. L'enregistrement proposé correspond-il à un son pur ou à un son complexe ?
2. Quelle est la période du signal émis ?
3. Quelle est la note jouée par l'instrument ?
Parmi les instruments proposés, quels sont ceux qui peuvent jouer cette note ?

Avant de commencer

▶ Plus le signal est complexe, plus le timbre du son émis est riche.

Timbre d'un son

Le signal n'est pas sinusoïdal, par conséquent le signal est complexe.

Avant de commencer

▶ La période correspond à la plus petite durée au bout de laquelle un phénomène périodique se répète.

Détermination de la période du signal

Pour être plus précis, on mesure plusieurs périodes.
3 périodes correspondent à 9,0 ms. Par conséquent, la période du signal est de 3,0 ms.

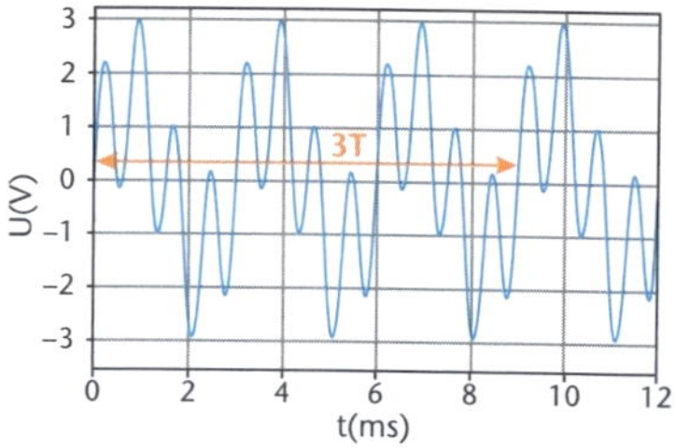

Avant de commencer

▶ Pour trouver la note jouée, il faut déterminer la fréquence de ce signal.

▶ La fréquence est l'inverse de la période.

Fréquence du signal

Sans oublier la conversion, nous avons la relation suivante :

$$f = \frac{1}{T} \Leftrightarrow f = \frac{1}{3{,}0 \times 10^{-3}} = 3{,}3 \times 10^{2}\ \text{Hz}$$

D'après le document, la note jouée est un mi. Les instruments pouvant jouer cette note sont la flûte à bec ténor, la flûte à bec basse et la clarinette.

Émission et perception d'un son

FICHE 41

TEST-BILAN

→ *Réponses au verso.*

1 Une onde sonore est une onde :

a. ☐ mécanique. **b.** ☐ électromagnétique.

c. ☐ lumineuse.

2 Lorsqu'une onde se propage d'un point A à un point B, la durée qui s'écoule entre ces deux points correspond :

a. ☐ à une distance. **b.** ☐ à une vitesse de propagation.

c. ☐ au retard.

3 Lors d'un feu d'artifice, entre le moment où l'on observe l'explosion du projectile et le bruit dû à cette explosion, il s'écoule 2,2 s. Quelle est la distance entre le lieu de l'explosion et l'observateur ?

Donnée : $V_{air} = 340\ m.s^{-1}$.

a. ☐ 154 m **b.** ☐ 748 m **c.** ☐ 64 m

4 La vitesse de propagation d'une onde sonore dépend :

a. ☐ de la température. **b.** ☐ de la nature du milieu.

c. ☐ du volume de la pièce.

5 La fréquence d'une note correspond à :

a. ☐ sa hauteur. **b.** ☐ son fondamental.

c. ☐ son timbre.

6 Le niveau sonore se mesure en :

a. ☐ décibels. **b.** ☐ volts. **c.** ☐ ampères.

7 **Quelle courbe possède le timbre le plus riche ?**

a. ☐

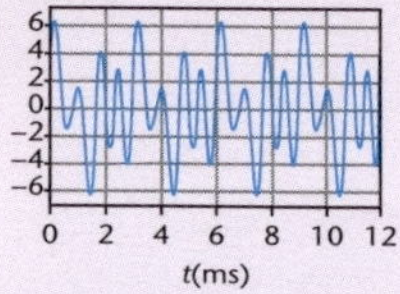

b. ☐

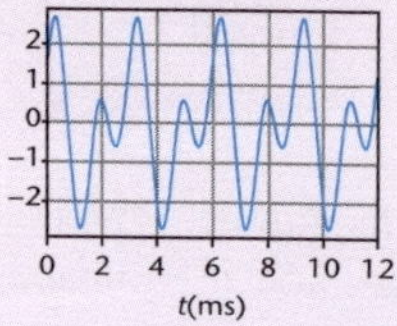

c. ☐

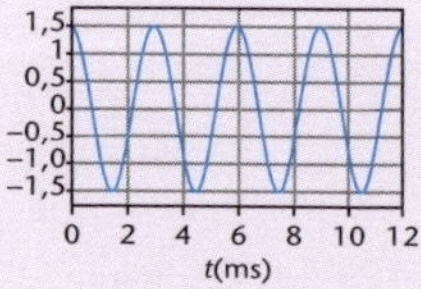

8 **La fréquence de la note La est de 880 Hz. Quelle est la période de ce signal ?**

a. ☐ 1,12 ms b. ☐ 1,13 ms c. ☐ 1,14 ms

SCHÉMA-BILAN

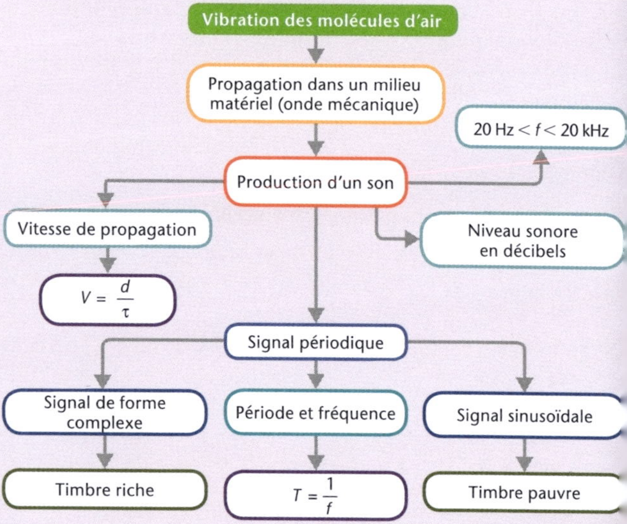

Réponses

1 a – 2 c – 3 b – 4 a et b – 5 a – 6 a – 7 a – 8 c.

ispersion e la lumière blanche

FICHE 42

Newton (1642-1727) décomposa la lumière avec un prisme et fit le premier une interprétation correcte des couleurs obtenues.

I Radiations de la lumière blanche

1. Radiations et longueur d'onde

- Lorsque l'on décompose la lumière du Soleil à l'aide d'un **prisme**, on constate qu'elle est composée d'une **infinité de couleurs**.

Une lumière blanche peut être colorée. « Blanc » signifie que cette source est polychromatique.

- La figure obtenue sur l'écran après dispersion s'appelle le **spectre de la lumière blanche**.
- Une source polychromatique est composée d'au moins deux radiations.
- En revanche, la lumière émise par un laser n'est pas décomposée par un prisme. En effet, la radiation d'un **laser** est composée **d'une seule radiation**, sa lumière est **monochromatique**.
- À toute radiation monochromatique est associée une longueur d'onde précise. La longueur d'onde est notée λ et se mesure en nanomètre (nm) ou en micromètre (µm).
- La longueur d'onde correspond à la période spatiale de l'onde.

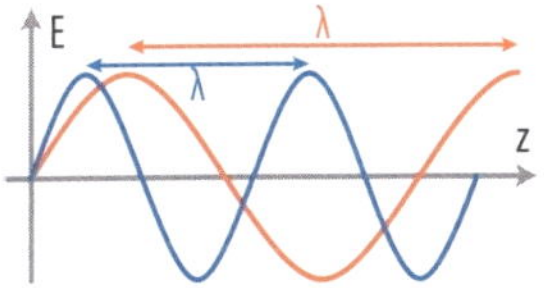

La longueur d'onde de la radiation orange est plus grande que celle en bleu

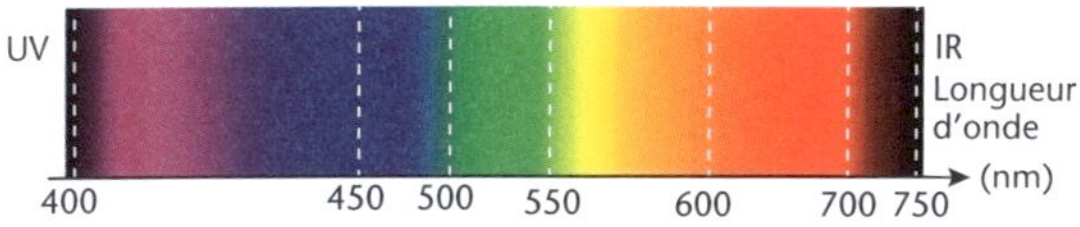

Spectre de la lumière avec les longueurs d'onde des différentes radiations en nm

2. Domaine du visible

• La **lumière visible** est constituée de radiations dont les longueurs d'onde vont de 400 nm à 800 nm.

• Chaque couleur visible sur un spectre correspond à des **longueurs d'onde** (ou **radiations**) **particulières**.

• Les couleurs que nous voyons ne sont qu'une interprétation de notre cerveau.

Soleil photographié en UV par la sonde SoHO

Exemples
– la couleur rose n'existe pas dans le spectre du Soleil ;
– le jaune peut être obtenu par une synthèse additive de la radiation verte et rouge.

• En dehors de ce domaine, on définit le rayonnement **ultraviolet** UV ($\lambda < 400$ nm) et le rayonnement **infrarouge** IR ($\lambda > 800$ nm). Ces deux rayonnements sont de même nature que la lumière visible, mais ils ne sont pas détectés par l'œil humain.

• Le Soleil émet dans l'infrarouge et l'ultraviolet. Des appareils spécifiques doivent être construits pour détecter ces rayonnements.

II Décomposition de la lumière blanche

• Un **prisme** est un **système dispersif**. Il ne dévie pas les radiations de la même manière et cela pour plusieurs raisons :
– il y a deux réfractions (→ *voir fiche 43*) à l'intérieur du prisme, car la lumière subit deux changements de milieu : air/verre puis verre/air ;
– l'indice de réfraction *n* du prisme dépend de la longueur d'onde, cet indice est plus important pour les plus petites longueurs d'onde ;
– sa forme triangulaire amplifie la dispersion des rayons lumineux de longueurs d'onde différentes.

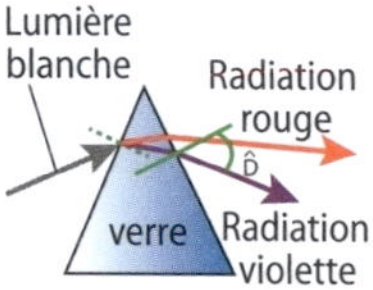

Le rayon rouge et le rayon violet ne suivent pas le même chemin à l'intérieur du prisme

• Pour le prisme, on choisira un matériau dont l'indice de réfraction dépend fortement de la longueur d'onde.

La lumière se propage en ligne droite dans les milieux homogènes et transparents. Mais que se passe-t-il lorsqu'elle change de milieu transparent ?

I Phénomène de réfraction

1. Indice de réfraction

• Un milieu qui laisse passer la lumière est appelé **milieu transparent**. Dans le cas contraire, on parle de milieu opaque.

• Un milieu transparent est caractérisé par un indice nommé **indice de réfraction** ou **indice optique** et il est **noté n**. Il est défini par le rapport entre la vitesse de la lumière c dans le vide et celle dans le milieu considéré (noté v) : $n = \frac{c}{v}$ avec n indice de réfraction (sans unité) ; $c = 3{,}00 \times 10^8$ m.s^{-1} et v vitesse de la lumière dans le milieu considéré en m.s^{-1}.

• $n \geqslant 1$: à part dans le vide, la lumière a toujours une vitesse de propagation inférieure à c.

• Pour l'air, on peut considérer $n_{air} \approx 1{,}00$. La vitesse de la lumière dans l'air est quasiment la même que dans le vide : $v_{air} \approx c \approx 3{,}00 \times 10^8$ m.s^{-1}.

2. Lois de Snell-Descartes

• Lors d'une réfraction, la lumière change de direction lorsqu'elle change de milieu de propagation.

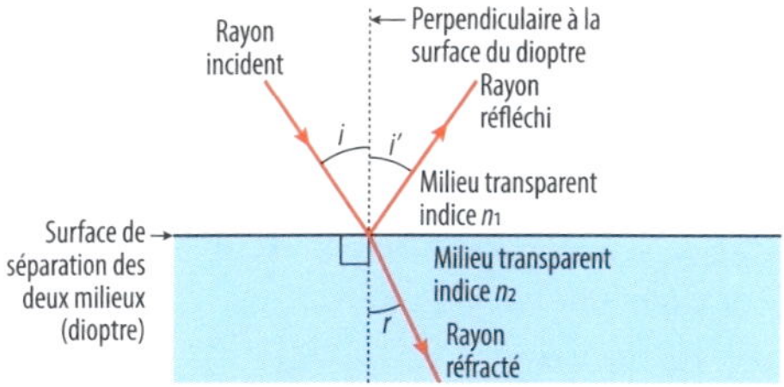

Réflexion et réfraction à l'interface de deux milieux transparents

• En général, une réfraction est toujours accompagnée d'une réflexion à la surface de séparation des deux milieux (**dioptre**).

• Snell et Descartes ont étudié le phénomène de réfraction. Séparément, ils ont abouti aux mêmes lois :
– les rayons incident, réfléchi et réfracté appartiennent à un même plan ;
– les rayons incident et réfracté se situent de part et d'autre de la perpendiculaire au dioptre ;
– l'angle incident *i* et l'angle de réfraction *r* sont liés par la relation :

$$n_1 \sin i = n_2 \sin r$$

avec n_1 et n_2 indices de réfraction, respectivement des milieux 1 et 2 ; *i* angle d'incidence du rayon incident et *r* angle de réfraction du rayon réfracté.

• Les **angles se mesurent toujours par rapport** à la **perpendiculaire au dioptre**, appelée la normale.

II Réflexion totale

• Dans certains cas, lorsque la lumière de lumière change de milieu, l'indice de réfraction du second milieu peut être plus faible : $n_1 > n_2$.

• Dans ce cas, l'angle incident maximal aura pour valeur : $\sin i = \frac{n_2}{n_1}$.

• Au-delà de cette valeur, l'angle réfracté ne peut pas exister, la réflexion à la surface du dioptre est totale.

• Dans une fibre optique, la réflexion doit être totale à la surface cœur/gaine, le phénomène de réfraction est donc un phénomène non voulue : $n_{cœur} > n_{gaine}$.

• De plus, **l'angle d'entrée de la lumière dans la fibre doit être adéquat** pour qu'elle reste canalisée à l'intérieur du cœur.

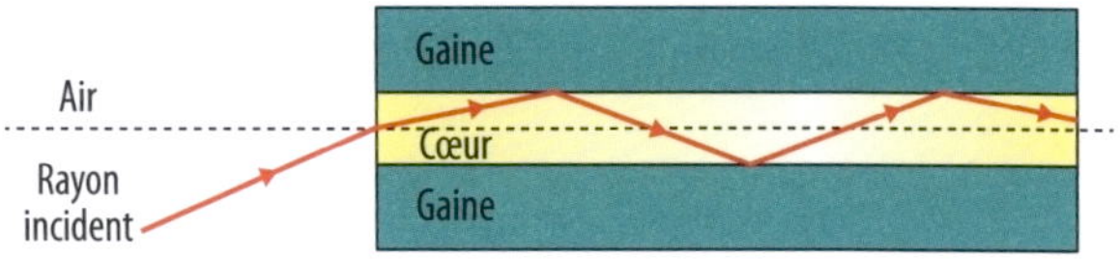

Trajet de la lumière à l'intérieur d'une fibre optique

tude de quelques spectres

FICHE 44

La température de la surface d'un corps peut être étudiée par la radiation émise. L'étude des spectres de lumière permet de connaître la composition du gaz étudié.

I Température et couleur des étoiles

- En observant la couleur des étoiles, nous pouvons avoir un ordre de grandeur de la température de surface de l'étoile.

Les radiations bleues ont des longueurs d'onde proches de 450 nm, les rouges des longueurs d'onde proches de 650 nm.

- Lorsque l'on chauffe un corps, celui-ci émet des radiations. Plus le corps est chaud, plus on observe les radiations de basses longueurs d'onde.
- Les **corps chauds** émettent donc essentiellement leur **radiation** vers le **bleu** et les **corps plus froids** vers le **rouge**.
- Ainsi, on peut considérer dans un premier temps que **les étoiles émettent un rayonnement d'origine thermique dont le spectre est continu**.
- Ainsi, la couleur d'une étoile nous renseigne sur sa température de surface : une étoile bleue aura une température de surface supérieure à une étoile rouge.
- Les scientifiques ont pu classer les étoiles selon leur luminosité et leur température à partir de leur observation et de leur couleur.
- Ce classement permet de repérer les étoiles qui sont chaudes et lumineuses : elles consomment leur hydrogène plus rapidement et ont donc une durée de vie plus courte (à l'inverse des naines rouges).

Sirius

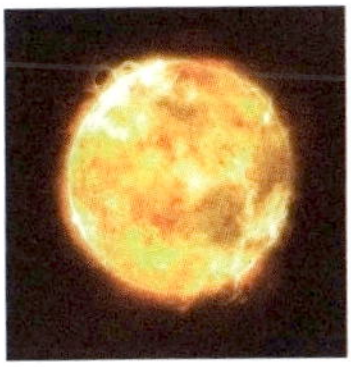

Soleil

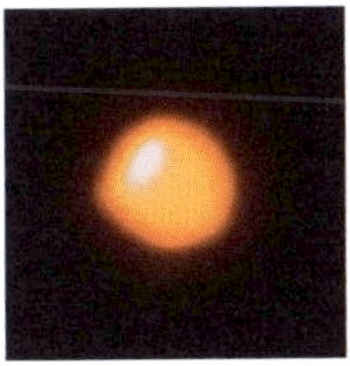

Bételgeuse

• Sirius est de couleur bleue et a une température de surface de 9 700 °C ; le Soleil, de couleur jaune, a une température de surface de 5 500 °C ; Bételgeuse, de couleur rouge, a une température de surface de 3 300 °C.

II Spectres de raies

1. Spectre de raies d'émission

• Un gaz (à basse pression) soumis à des décharges électriques ou fortement chauffé émet une lumière dont le spectre n'est pas continu, il est composé de raies colorées.

• Chaque élément a ainsi un spectre qui lui est bien spécifique.

Spectre du cadmium

Spectre du mercure

2. Spectre de raies d'absorption

• Si l'on observe le spectre de la lumière ayant traversé un gaz à basse pression et température, on constate que **certaines radiations sont absorbées par le milieu**.

• Les raies absorbées correspondent aux raies que l'élément est capable d'émettre.

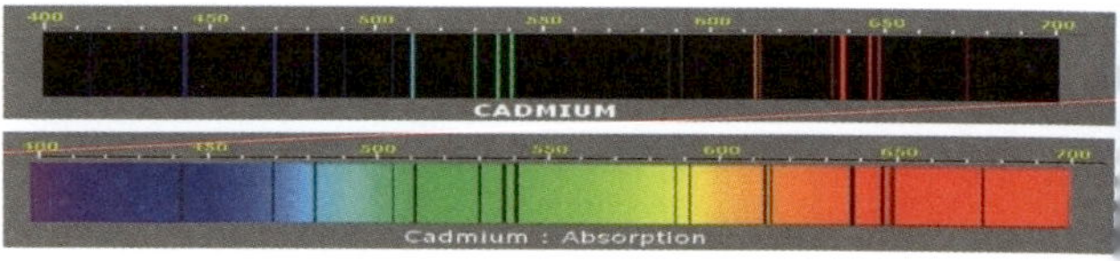

Les raies d'émission de l'élément cadmium (en haut) correspondent à ses raies d'absorption (en bas)

• Ainsi, **l'étude du spectre des étoiles** permet de déterminer les **éléments chimiques présents dans leur atmosphère** et d'en déduire leur âge.

Exercice commenté pas à pas

Décomposition de la lumière du Soleil par un prisme droit

On souhaite analyser la lumière provenant du Soleil, en étudiant son spectre. Pour cela, on utilise un prisme avec un verre de type crown et ayant la forme d'un triangle rectangle lorsqu'on le regarde de dessus. L'angle au sommet A fait 30,0°.

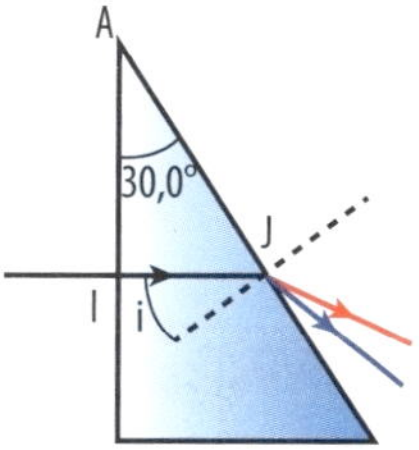

Un faisceau de lumière blanche arrive perpendiculairement sur une des faces du prisme (voir figure ci-contre).

Données :

– indice de réfraction pour le prisme $n_{bleu} = 1{,}664$ et $n_{rouge} = 1{,}644$;

– indice de réfraction de l'air $n_{air} = 1{,}00$ quelle que soit la longueur d'onde.

1. Pourquoi le faisceau n'est pas dévié lorsqu'il arrive en I ?

2. Montrer que l'angle d'incidence *i* est de 30,0° lorsque le faisceau passe du verre à l'air au point J. Cet angle est représenté sur le schéma ci-dessus.

3. Déterminer les valeurs de l'angle de réfraction pour les radiations bleue et rouge à la sortie du prisme.

Avant de commencer

▶ Quel phénomène se produit lorsque la lumière change de milieu ?

▶ Dans quel cas particulier la lumière n'est-elle pas déviée ?

➔ Cas particulier du phénomène de réfraction

Le phénomène de réfraction se produit lorsque la lumière change de milieu.

Les angles se mesurent par rapport à la perpendiculaire (normale) au dioptre.

Dans un cas particulier, il n'y pas de changement de direction de la lumière, lorsque l'angle d'incidence est nul. C'est le cas ici puisque le rayon arrive perpendiculairement sur la face du prisme.

Avant de commencer

- Se rappeler de la somme des angles dans un triangle.
- Savoir exploiter une figure géométrique.

Détermination de l'angle d'incidence

La somme des angles dans un triangle vaut 180°. Le triangle IJA est rectangle en I.
L'angle au sommet J sera donc : 180 – 90 – 30,0 = 60,0°.
De plus, l'angle au sommet J est complémentaire avec l'angle incident que l'on cherche.
On en déduit la valeur de l'angle incident : $i = 90 - 60{,}0 = 30{,}0°$, soit la valeur de l'angle au sommet de ce prisme.

Avant de commencer

- Quelle est la relation pour la troisième loi de Descartes ?
- Régler sa calculatrice en mode « degré ».

Détermination des angles réfractés

Sur certaines calculatrices, la fonction réciproque du sinus est notée Arcsin ou $\sin^{-1}$.

On utilise les données correspondant à la radiation bleue. Nous avons :

$$\sin r_b = \frac{n_{\text{verre}} \cdot \sin i}{n_{\text{air}}}$$

$$\sin r_b = \frac{1{,}664 \times \sin 30{,}00}{1{,}00} = 0{,}832$$

$r_b = \text{Arcsin}(0{,}832) = 56{,}3°$.

Pour la radiation rouge : $r_r = 55{,}3°$.

L'écart entre les rayons est seulement de 1°, mais cela est suffisant pour voir le spectre de la lumière si l'écran est suffisamment éloigné.

ormation des images ar une lentille convergente

FICHE **46**

Les lentilles sont utilisées dans beaucoup de systèmes optiques, comme les caméras, les appareils photos, les lunettes astronomiques… Une lentille est délimitée par deux surfaces dont **l'une au moins est courbe**.

I Modélisation d'une lentille convergente

- Une lentille est convergente si le centre est plus épais que les bords.
- Après traversée de la lentille, les rayons sont déviés. En effet, les rayons subissent deux réfractions.

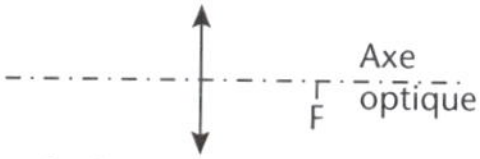

Symbole d'une lentille mince convergente

- Tous les rayons passant par le centre optique O de la lentille ne sont pas déviés.
- Tout rayon arrivant **parallèle à l'axe optique** après traversée de la lentille **converge en un point de cet axe appelé** foyer image, **noté *F'***.
- Tout rayon incident passant par le **foyer objet, noté *F*, émerge** de la lentille **parallèlement à l'axe optique**.

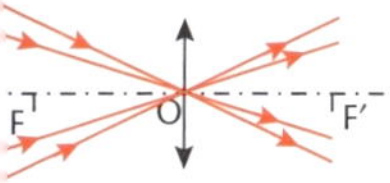

Rayons lumineux passant par le centre optique

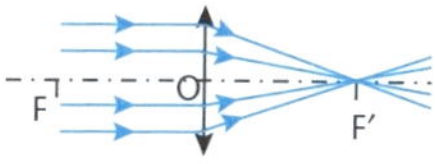

Rayons incidents parallèles à l'axe optique

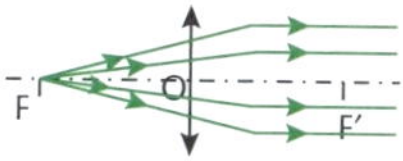

Rayons émergent du foyer objet

II Construction de l'image d'un objet

Pour trouver l'image d'un objet par une lentille convergente, on eut tracer 3 rayons particuliers :

celui passant parallèle à l'axe optique (rayon 1) ;

celui passant par le centre optique (rayon 2) ;

celui passant par le foyer objet (rayon 3) ;

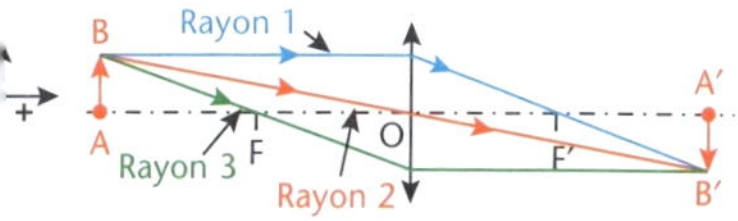

Construction de l'image A'B' d'un objet AB par une lentille convergente : l'image est renversée

- L'image qui se forme sur l'écran est renversée : pour rendre compte de cette réalité, il faut mesurer les **longueurs de manière algébrique**. Les grandeurs sont notées $\overline{AB}$ et $\overline{A'B'}$ par exemple.

- La **relation de grandissement** des lentilles minces convergentes permet de lier les tailles et les positions de l'objet et de l'image :

$\gamma = \frac{\overline{A'B'}}{\overline{AB}} = \frac{\overline{OA'}}{\overline{OA}}$ avec γ grandissement (sans unité) ; $\overline{AB}$ et $\overline{A'B'}$ dimension de l'objet et de l'image respectivement en m et $\overline{OA}$ et $\overline{OA'}$: distances par rapport au centre optique de l'objet et de l'image respectivement en m.

- Si $\gamma > 0$, l'image est **droite**, si $\gamma < 0$, l'image est **renversée**. Si $|\gamma| > 1$, l'image est plus grande que l'objet, sinon $|\gamma| < 1$, l'image est plus petite que l'objet.

III Modélisation de l'œil

- Pour modéliser l'œil, on utilise un diaphragme accolé à une lentille convergente et un écran où se forme l'image.

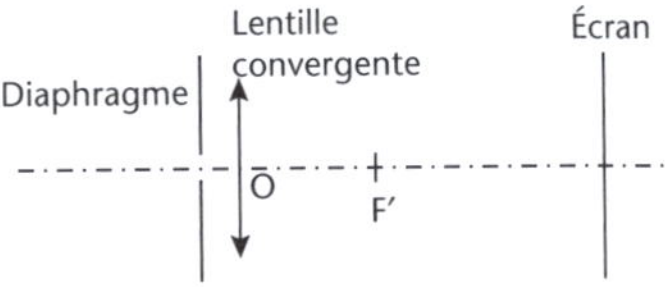

Constitution de l'œil réduit

- Le tableau ci-dessous donne les correspondances entre le modèle réduit et l'œil :

Modélisation	Œil
Diaphragme	Iris et pupille
Lentille convergente	Cornée, cristallin et humeur aqueuse
Écran	Rétine

- L'image formée sur la rétine est renversée. Le cerveau remet donc l'image « à l'endroit ».

FICHE 47

Vision et image

TEST-BILAN

→ *Réponses au verso.*

1 Si un milieu transparent possède un indice de réfraction $n = 1{,}33$, la vitesse de propagation de la lumière dans ce milieu est :

a. ☐ $2{,}26 \times 10^8$ m.s^{-1}. **b.** ☐ $3{,}99 \times 10^8$ m.s^{-1}.

c. ☐ $1{,}33 \times 10^8$ m.s^{-1}.

2 On considère un rayon lumineux se propageant dans l'air et se réfractant sur une surface en verre. L'indice de l'air est égal à 1,00 et celui du verre vaut 1,50. Un rayon situé dans le plan de la figure arrive sur ce dioptre avec un angle incident $i = 30°$ par rapport à la perpendiculaire au dioptre. L'angle réfracté r a pour valeur :

a. ☐ $r = 49°$. **b.** ☐ $r = 30°$. **c.** ☐ $r = 19°$.

3 Parmi les spectres suivants, le(s)quel(s) correspond(ent) à une source lumineuse d'origine thermique ?

a. ☐ 

b. ☐ 

c. ☐ 

4 Pour qu'un rayon ressorte parallèle à l'axe optique après traversée d'une lentille convergente, il faut que ce rayon passe par :

a. ☐ le centre optique. **b.** ☐ le foyer objet.

c. ☐ le foyer image.

SCHÉMA-BILAN

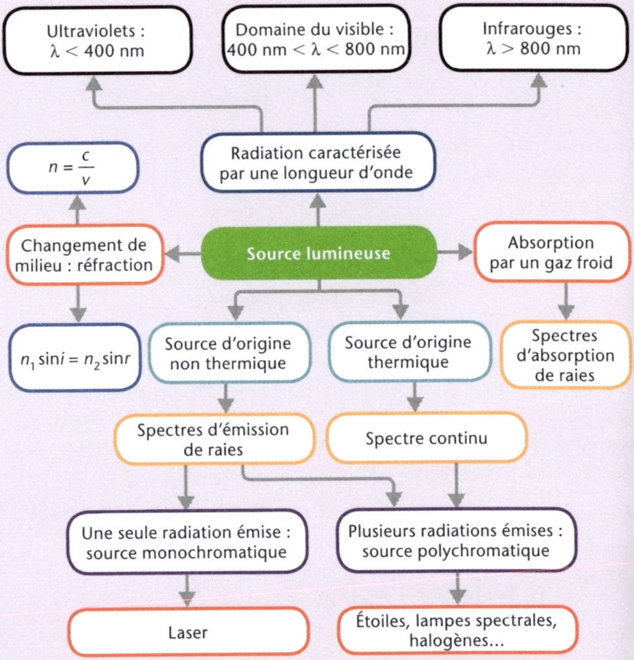

Réponse

a – 2 c – 3 a – 4 b.

oi des nœuds t loi des mailles

FICHE 48

Un **dipôle** est un composant électrique possédant deux bornes. Par exemple, les lampes, les interrupteurs, les générateurs, les piles, les diodes, les DEL, les résistances et les moteurs sont des dipôles.

I Grandeurs et notions utilisées en électricité

1. Quelques définitions

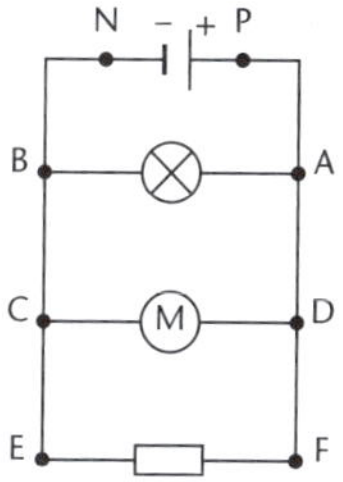

- Un **nœud** est un point du circuit auquel sont reliées au moins deux bornes de deux dipôles différents. Un **nœud** relie au moins deux fils de connexion.
- **Une maille** est un ensemble de branches formant une boucle fermée et ne passant qu'une fois par chaque nœud.
- Une **branche** est une partie du circuit **électrique** située entre deux **nœuds** consécutifs. La branche principale contient le générateur du circuit électrique, et les branches dérivées (ou secondaires) ne contiennent que des récepteurs.

Exemple : ci-dessus, le circuit électrique en dérivation comporte : la branche principale APNB, et les branches dérivées ABDC, CDFE.

2. Tension et courant électrique

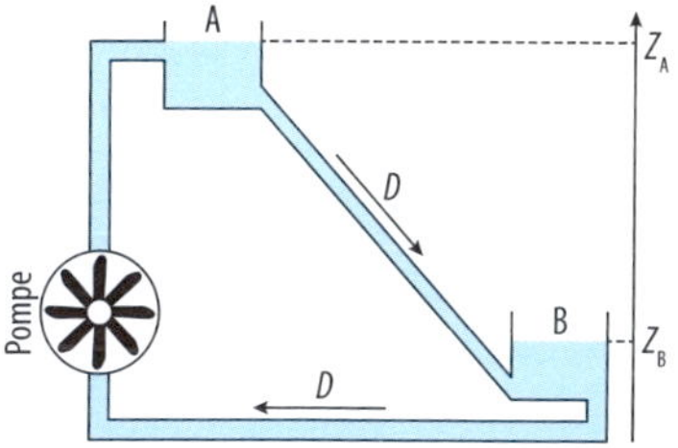

Analogie d'un circuit électrique avec un circuit d'eau, la tension correspond à la différence de hauteur, l'intensité du courant au débit D de l'eau. La pompe joue le rôle du générateur

• Le courant électrique est le déplacement ordonné d'un ensemble de particules chargées.

• Par convention, le sens du courant est le sens des déplacements des charges positives.

• L'intensité du courant correspond à un débit de charge, il se mesure en ampères (A) avec un ampèremètre qui se branche en série dans le circuit.

• Pour qu'un courant circule dans un circuit, il faut qu'au moins deux points A et B d'un circuit soient dans des états électriques différents. Ces états électriques sont formulés en terme de potentiels : V_A et V_B.

• La différence de potentiel $u = V_A - V_B$ est alors appelée **différence de potentiel** (ddp) ou **tension électrique.** C'est une grandeur algébrique.

• La tension se mesure en volts avec un voltmètre qui se branche en dérivation dans le circuit.

II Lois de Kirchhoff

1. Loi des mailles

• Considérons un circuit électrique constitué d'un conducteur ohmique monté en série avec une lampe.

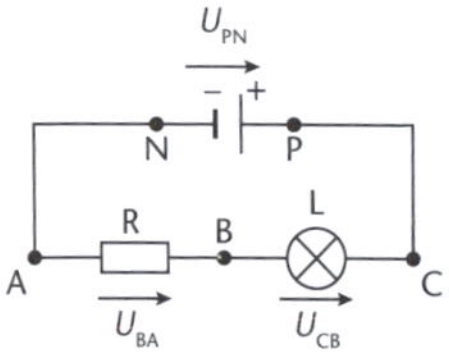

• La loi d'additivité des tensions nous permet d'écrire : $U_{PN} = U_{CB} + U_{BA}$.

• La loi des mailles stipule : $U_{CA} + U_{CB} + U_{BA} = 0$.

2. Loi des nœuds

• Considérons un circuit électrique comportant une lampe et un conducteur ohmique monté cette fois-ci en dérivation.

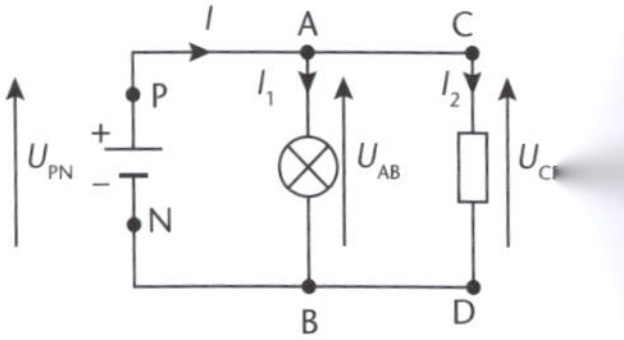

• La loi des nœuds permet d'écrire : $I = I_1 + I_2$.

aractéristique d'un dipôle t capteurs électrique

La courbe $i = f(u)$ ou $u = f(i)$ correspond à la caractéristique d'un dipôle. Les récepteurs ont une caractéristique qui passe par l'origine, ce qui n'est pas le cas des générateurs.

I Caractéristique d'une résistance

- Une résistance ou un conducteur ohmique satisfait à la loi d'ohm : $u(t)$ est proportionnel à $i(t)$.

$$U = R.\ I \text{ ou } I = G.\ U$$

R : résistance en ohms (Ω), *U* tension en volts (V) et *I* en ampères (A).

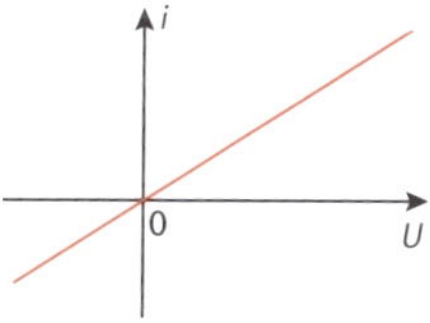

- La caractéristique d'une résistance est donc une droite passant par l'origine. Cependant, à cause des erreurs de mesures, certains points peuvent ne pas appartenir à cette droite.

- Le meilleur moyen pour déterminer cette caractéristique est d'utiliser un langage de programmation (Python) pour déterminer la pente de la droite et ainsi la **valeur de cette résistance par régression linéaire**.

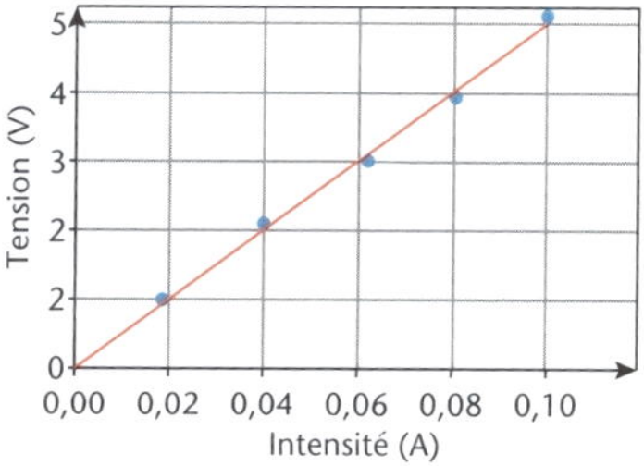

Caractéristique réelle d'une résistance de 50 Ω, les points ne situent pas toujours sur la droite

```
from sklearn import linear_model
import numpy as np
import matplotlib. pyplot as plt
x, y = np. loadtxt(« test. txt », unpack = 'true')
plt. grid(True)
plt. scatter(x, y)
regr = linear_model. LinearRegression()
```

```
regr. fit(x[ :,np. newaxis], y)
x_test = np. linspace(np. min(x), np. max(x), 100)
plt. plot(x_test, regr. predict(x_test[ :,np. newaxis]), color = 'red', linewidth
= 3)
plt. xlabel('Intensité (A)')
plt. ylabel('Tension (V)')
print ('slope', regr.coef_)
print ('intercept', regr.intercept_)
plt. show()
```

• La valeur d'une résistance peut également se mesurer avec un ohmmètre. Cependant, **l'appareil peut afficher des valeurs différentes si l'on effectue plusieurs mesures** avec les mêmes conditions expérimentales.

II Capteurs électriques

• Un capteur transforme une grandeur physique en une grandeur généralement électrique.

• Cette tension électrique peut ensuite être numérisée et être traitée soit informatiquement, soit par un dispositif de contrôle commande.

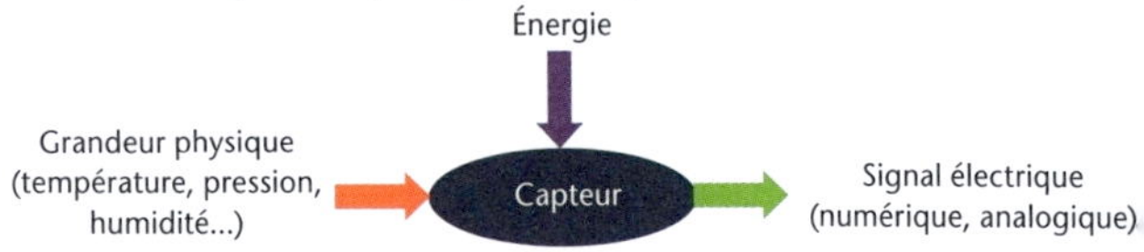

• La valeur d'une résistance peut dépendre de ces paramètres extérieurs, comme la température ou la pression. On peut s'en servir alors comme capteur électrique.

Grandeur mesurée	Caractéristique électrique sensible	Types de matériaux utilisés
Température	Résistivité électrique	Platine, nickel, cuivre...
Rayonnement optique	Résistivité électrique	Semi-conducteur (silicium, germanium)
Déformation	Résistivité électrique Perméabilité électrique	Alliage de nickel, silicium dopé Alliage ferromagnétique
Position	Résistivité électrique	Matériaux magnétorésistants (bismuth, antimoine d'indium)
Humidité	Résistivité électrique	Chlorure de lithium

Exemples de capteurs électriques

Capteurs et signaux

FICHE **50**

TEST-BILAN

→ *Réponses au verso.*

1 Comment se branche un voltmètre aux bornes du dipôle dans un circuit électrique ?

a. ☐ En dérivation b. ☐ En série c. ☐ Peu importe

2 Déterminer la valeur de l'intensité I_4.

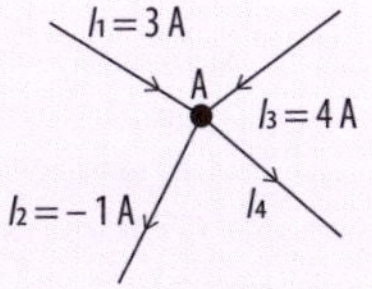

a. ☐ 7 A

b. ☐ 8 A

c. ☐ 5 A

3 Déterminer la tension U_2 du dipôle D_2 dans le circuit suivant.

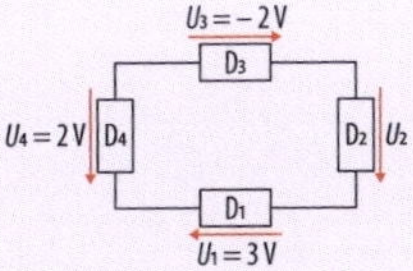

a. ☐ 1 V

b. ☐ 2 V

c. ☐ 3 V

4 À quel dipôle correspond la caractéristique suivante ?

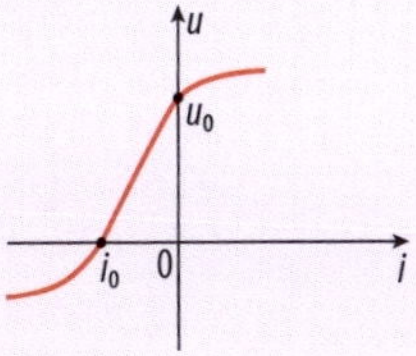

a. ☐ Une résistance

b. ☐ Un récepteur électrique

c. ☐ Un générateur électrique

5 **Quelle est la branche principale du circuit suivant ?**

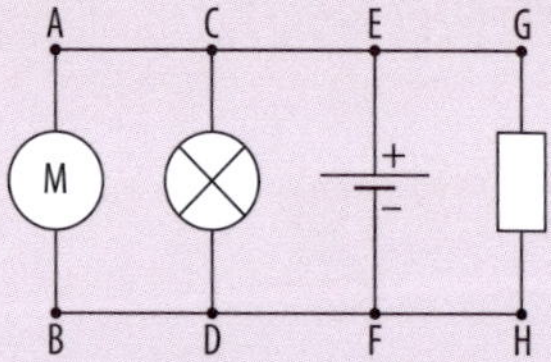

a. ☐ ABCD **b.** ☐ CGHD **c.** ☐ EF

6 **On mesure une intensité de 20 mA et une tension de 3,0 V aux bornes d'une résistance. Quelle est la valeur de la résistance ?**

a. ☐ 0,15 Ω **b.** ☐ 15 Ω **c.** ☐ 150 Ω

SCHÉMA-BILAN

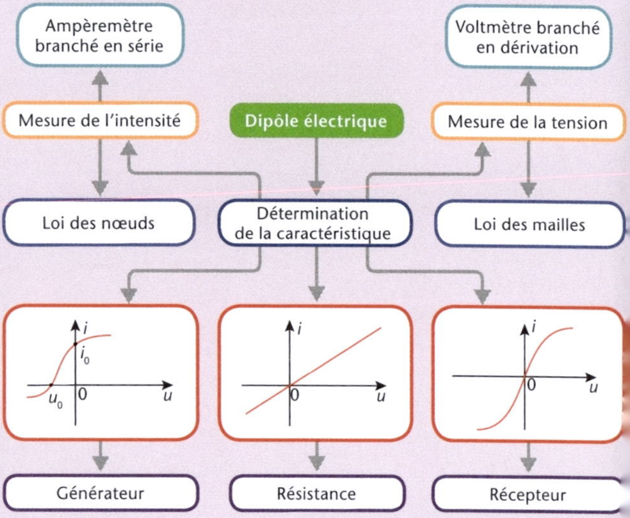

Réponses

1 a – 2 b – 3 a – 4 c – 5 c – 6 c.

Annexes

1. Incertitudes d'une mesure

• Pour déterminer les performances d'un appareil de mesure, on peut mesurer plusieurs fois la même résistance. Sur un histogramme, la fréquence de chaque mesure est reportée.

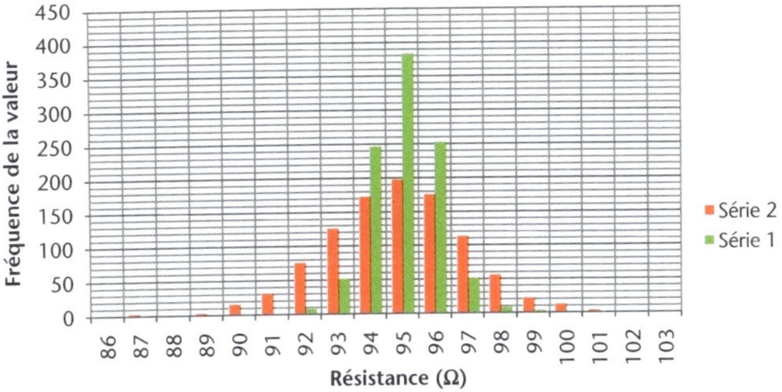

Fréquence des mesures d'une résistance de 95 Ω mesurée avec deux ohmmètres différents

• La dispersion des valeurs traduit la précision de l'appareil utilisé. Dans notre cas, l'appareil employé pour la série 1 est plus précis que celui de la série 2.

2. Verreries utilisées en chimie

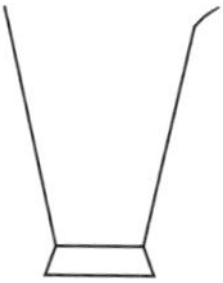
Verre à pied

Bécher

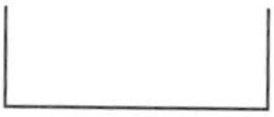
Cristallisoir

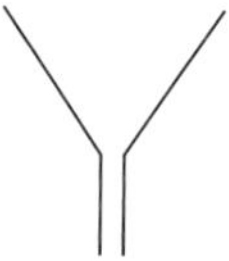
Entonnoir

Tube à essai

Éprouvette graduée

Pipette

Erlenmeyer

Ballon à fond plat

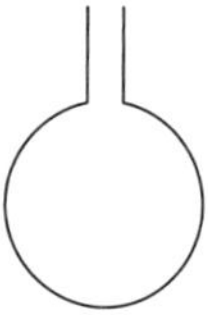
Ballon

3. Les principaux montages

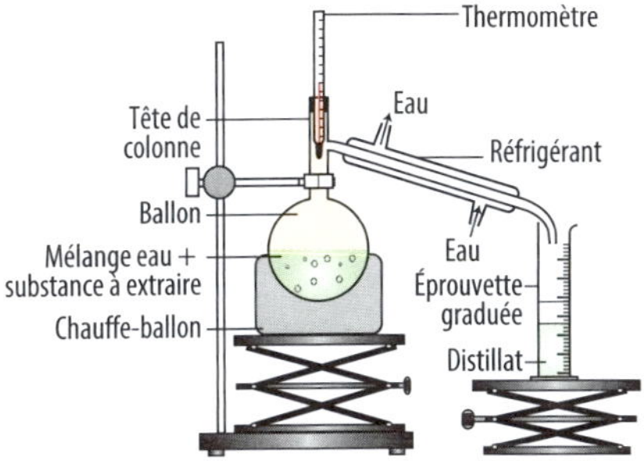

Montage d'hydrodistillation ou entraînement à la vapeur

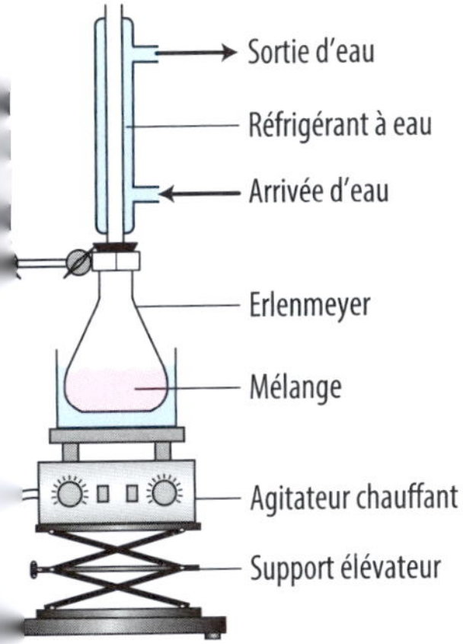

Montage à reflux au bain-marie

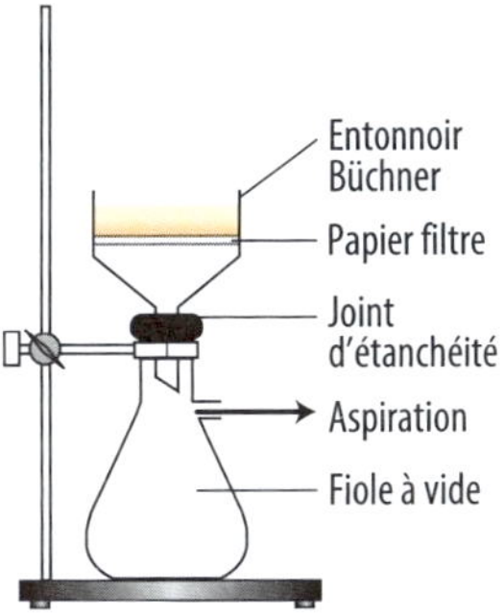

Filtration sous-vide ou filtration sur Büchner

Suite annexe 3

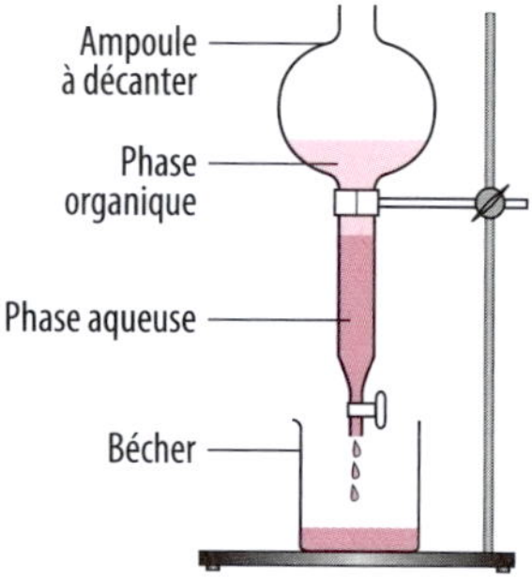

Extraction liquide-liquide

4. Constantes utilisées en physique

Grandeur	Symbole	Valeur	Valeur approchée
Célérité de la lumière dans le vide	c	299 792 458 $m.s^{-1}$	$3{,}00 \times 10^{8}$ $m.s^{-1}$
Charge élémentaire	q	$1{,}602\,176\,565 \times 10^{-19}$ C	$1{,}60 \times 10^{-19}$ C
Constante d'Avogadro	N_A	$6{,}022\,141\,29 \times 10^{23}$ mol^{-1}	$6{,}02 \times 10^{23}$ mol^{-1}
Constante de gravitation	G	$6{,}673\,85 \times 10^{-11}$ $N.m^2.kg^{-2}$	$6{,}67 \times 10^{-11}$ $N.m^2.kg^{-2}$
Constante de Planck	h	$6{,}626\,069\,57 \times 10^{-34}$ J.s	$6{,}63 \times 10^{-34}$ J.s
Masse de l'électron	m_e	$9{,}109\,382\,91 \times 10^{-31}$ kg	$9{,}11 \times 10^{-31}$ kg
Masse du proton	m_p	$1{,}67\,262 \times 10^{-27}$ kg	$1{,}67 \times 10^{-27}$ kg

5. Grandeurs et unités

Grandeur	Unité
Absorbance (*A*)	Sans unité
Activité (*A*) pour une réaction nucléaire	Becquerel : Bq
Avancement (*x*)	mol
Capacité thermique massique (*c*)	$J.kg^{-1}.K^{-1}$
Champ de pesanteur (*g*)	$N.kg^{-1}$ ou $m.s^{-2}$
Champ électrostatique (*E*)	$V.m^{-1}$
Charge électrique (*q*)	coulomb : C
Concentration en masse (*t* ou C_m)	$kg.m^{-3}$ ou $g.L^{-1}$ $1\ kg.m^{-3} = 1\ g.L^{-1}$
Concentration en quantité de matière (C)	$mol.m^{-3}$ ou $mol.L^{-1}$ $1\ mol.m^{-3} = 10^3\ mol.L^{-1}$
Densité (*d*)	Sans unité
Énergie (*E*)	joule : J
Flux thermique (φ)	watt : W
Force (*F*)	newton : N
Fréquence (*f* ou ν)	hertz : Hz

Grandeur	Unité
Intensité électrique (*I*)	ampère : A
Longueur (*L*)	mètre : m
Largeur (*l*)	mètre : m
Masse (*m*)	kilogramme : kg
Masse molaire (*M*)	$g.mol^{-1}$
Masse volumique (ρ ou μ)	$kg.m^{-3}$ ou $g.mL^{-1}$ $10^3\ kg.m^{-3} = 1\ g.mL^{-1}$
Période (*T*)	seconde : s
Pression (*P*)	pascal : Pa
Puissance (*P*)	watt : W
Quantité de matière (*n*)	mole : mol
Résistance (*R*)	ohm : Ω
Surface (*S*)	m^2
Température (*T* ou θ)	θ en °C et *T* en K $T = \theta + 273$
Temps (*t*)	seconde : s
Tension électrique (*U*)	volt : V
Vitesse (*v*)	$m.s^{-1}$
Volume (*V*)	m^3

6. Extrait de la classification périodique

Ca Solide — Br Liquide — H Gaz — Pu Préparé par synthèse

Légende (case Mg) : Nom : Magnésium — Masse atomique (g · mol⁻¹) : 24,3 — Symbole : Mg — Numéro atomique : 12 — Électronégativité : 1,2

Chaque case : Nom ; masse atomique ; **Symbole** ; numéro atomique ; électronégativité

Période	1	2	3	4	5	6	7	8	9
1	Hydrogène 1,0 **H** 1 2,2								
2	Lithium 6,9 **Li** 3 1,0	Béryllium 9,0 **Be** 4 1,5							
3	Sodium 23,0 **Na** 11 0,9	Magnésium 24,3 **Mg** 12 1,2							
4	Potassium 39,1 **K** 19 0,8	Calcium 40,1 **Ca** 20 1,0	Scandium 45,0 **Sc** 21 1,3	Titane 47,9 **Ti** 22 1,5	Vanadium 50,9 **V** 23 1,6	Chrome 52,0 **Cr** 24 1,6	Manganèse 54,9 **Mn** 25 1,5	Fer 55,8 **Fe** 26 1,8	Cobalt 58,9 **Co** 27 1,8
5	Rubidium 85,5 **Rb** 37 0,8	Strontium 87,6 **Sr** 38 1,0	Yttrium 88,9 **Y** 39 1,3	Zirconium 91,2 **Zr** 40 1,4	Niobium 92,9 **Nb** 41 1,6	Molybdène 95,9 **Mo** 42 1,8	Technétium 98 **Tc** 43 1,9	Ruthénium 101,1 **Ru** 44 2,2	Rhodium 102,9 **Rh** 45 2,2
6	Césium 132,9 **Cs** 55 0,7	Baryum 137,3 **Ba** 56 0,9	Lanthane 138,9 **La** 57 1,1	Hafnium 178,5 **Hf** 72 1,3	Tantale 180,9 **Ta** 22 1,5	Tungstène 183,9 **W** 74 1,7	Rhénium 186,2 **Re** 75 1,9	Osmium 190,2 **Os** 76 2,2	Iridium 192,2 **Ir** 77 2,2

Période	10	11	12	13	14	15	16	17	18
1									Hélium 4,0 **He** 2
2				Bore 10,8 **B** 5 2,0	Carbone 12,0 **C** 6 2,5	Azote 14,0 **N** 7 3,0	Oxygène 16,0 **O** 8 3,5	Fluor 19,0 **F** 9 4,0	Néon 20,2 **Ne** 10
3				Aluminium 27,0 **Al** 13 1,5	Silicium 28,1 **Si** 14 1,8	Phosphore 31,0 **P** 15 2,1	Soufre 32,1 **S** 16 2,5	Chlore 35,5 **Cl** 17 3,2	Argon 39,9 **Ar** 18
4	Nickel 58,7 **Ni** 28 1,8	Cuivre 63,5 **Cu** 29 1,9	Zinc 65,4 **Zn** 30 1,6	Gallium 69,7 **Ga** 31 1,6	Germanium 72,6 **Ge** 32 1,8	Arsenic 74,9 **As** 33 2,0	Sélénium 79,0 **Se** 34 2,4	Brome 79,9 **Br** 35 2,8	Krypton 83,8 **Kr** 36
5	Palladium 106,4 **Pd** 46 2,2	Argent 107,9 **Ag** 47 1,9	Cadmium 112,4 **Cd** 48 1,7	Indium 114,8 **In** 49 1,7	Étain 118,7 **Sn** 50 1,8	Antimoine 121,8 **Sb** 51 1,9	Tellure 127,6 **Te** 52 2,1	Iode 126,9 **I** 53 2,5	Xénon 131,3 **Xe** 54
6	Platine 195,1 **Pt** 78 2,2	Or 197,0 **Au** 79 2,4	Mercure 200,6 **Hg** 80 1,9	Thallium 204,4 **Tl** 81 1,8	Plomb 207,2 **Pb** 82 1,8	Bismuth 209,0 **Bi** 83 1,9	Polonium 210 **Po** 84 2,0	Astate 210 **At** 85 2,2	Radon 222 **Rn** 86